高职高专新能源汽车专业"十三五"创新教材

新能源汽车
辅助系统检修

广州合赢教学设备有限公司　组　编

任春晖　李　颖　主　编

赵鹏媛　彭小红　副主编

冯　津　主　审

扫一扫

二维码总目录

机械工业出版社

《新能源汽车辅助系统检修》全面、系统地介绍新能源汽车底盘与车身电气辅助系统，包括暖风与空调系统、制动系统、电动转向系统、自动起停系统、车载网络与车载互联系统的相关知识和技能。

书中配有视频二维码，给教师另外配有课件等教学资源。

本书通俗易懂，图文并茂，形式生动活泼，有利于激发学生的学习兴趣，适合高职高专新能源汽车专业学生使用，也适用于其他汽车专业方向学生学习新能源汽车知识和技能，同时还可供在职汽车销售顾问、售后服务顾问、维修技师、保险理赔员及其他汽车行业工程技术人员阅读参考。

图书在版编目（CIP）数据

新能源汽车辅助系统检修 / 任春晖，李颖主编 . —北京：机械工业出版社，2018.12（2025.1 重印）
高职高专新能源汽车专业"十三五"规划教材
ISBN 978-7-111-61320-6

Ⅰ . ①新…　Ⅱ . ①任…②李…　Ⅲ . ①新能源—汽车—辅助系统—车辆检修—高等职业教育—教材　Ⅳ . ① U469.707

中国版本图书馆 CIP 数据核字（2018）第 255284 号

机械工业出版社（北京市百万庄大街 22 号　邮政编码 100037）
策划编辑：齐福江　责任编辑：齐福江
责任校对：张　薇　封面设计：鞠　杨
责任印制：单爱军
北京虎彩文化传播有限公司印刷
2025 年 1 月第 1 版第 12 次印刷
184mm×260mm · 9.25 印张 · 243 千字
标准书号：ISBN 978-7-111-61320-6
定价：45.00 元

电话服务　　　　　　　　网络服务
客服电话：010-88361066　机 工 官 网：www.cmpbook.com
　　　　　010-88379833　机 工 官 博：weibo.com/cmp1952
　　　　　010-68326294　金 书 网：www.golden-book.com
封底无防伪标均为盗版　机工教育服务网：www.cmpedu.com

前 言

汽车产业快速发展带来的交通拥堵、能源危机和环境污染是限制汽车发展的主要瓶颈，因此新能源汽车产业是国家重点发展和大力扶持的产业。国务院于 2012 年 6 月 28 日颁发的《节能与新能源汽车产业发展规划（2012—2020 年）》指出，新能源汽车技术路线以纯电驱动为新能源汽车发展和汽车工业转型的主要战略取向，当前重点推进纯电动汽车和插电式混合动力汽车产业化，推广普及非插电式混合动力汽车、节能内燃机汽车。

由于国家政策的扶持，新能源汽车得到飞速的发展，由此带来的新能源汽车后市场将需要大量的销售、维修及其他各方面的人才。教育服务于市场并领先于市场，针对几年后新能源汽车专业技术人员的井喷需求，职业院校必须提前培养新能源汽车专业人才，为今后的新能源汽车后市场储备人才。

为满足职业教育的迫切需求，我们组织新能源汽车一线培训专家、新能源大赛冠亚军选手、维修技师及职业院校资深教师主导编写这套"高职高专新能源汽车专业'十三五'创新教材"，以新能源汽车的认识、使用和维修为开发方向，改变目前新能源汽车教材偏向汽车设计制造技术方向导致理论性太强的缺点，使教材贴近企业实际工作及职业教育的特点。同时，本教材由职业教育专家对整体的结构进行全面把控，使教材符合职业教育的特点，以模块与单元的结构进行编写，并方便教学组合。本教材中涉及的新能源汽车品牌车型范例，以北汽新能源、上汽荣威、比亚迪、众泰汽车及其他国内外典型的车型为主，综合主流新能源汽车厂家的共性和差异，解决新能源汽车"地域"差异的问题。

《新能源汽车辅助系统检修》系统地介绍新能源汽车底盘和电气辅助系统的知识和技能，包括五个项目的内容。

项目一 新能源汽车暖风与空调系统，介绍新能源汽车暖风与空调系统认知、新能源汽车暖风系统检修、新能源汽车空调系统检修，使学生认识新能源汽车暖风与空调系统结构组成，能够正确操作使用新能源汽车暖风与空调系统，能够对新能源汽车暖风与空调系统进行检修。

项目二 新能源汽车制动系统，介绍新能源汽车制动系统认知、新能源汽车制动系统检修，使学生认识新能源汽车制动系统的结构组成，能够区分新能源汽车制动系统与传统汽车制动系统的区别，以及能对新能源汽车制动系统进行检修。

项目三 新能源汽车电动转向系统，介绍新能源汽车电动转向系统认知、新能源汽车电动转向系统检修，使学生认识新能源汽车电动转向系统的结构组成，以及能对新能源汽车电动转向系统进行检修。

项目四 新能源汽车自动起停系统，介绍新能源汽车自动起停系统认知、新能源汽车自动起停系统检修，使学生认识新能源汽车自动起停系统的功能、类型和结构原理，并能进行应用及检修。

项目五 新能源汽车车载网络与互联网系统，介绍新能源汽车车载局域网络系统认知与检修、新能源汽车车载互联网系统认知与应用，使学生认识新能源汽车车载局域网络及车载互联网系统的功能、类型和结构原理，并能进行应用及检修。

本书尽量采用实物照片，图文并茂，形式生动活泼，有利于激发学生的学习兴趣，适合中高职新能源汽车专业及汽车相关专业的学生使用，同时还可供汽车销售顾问、售后服务顾问、维修技师、保险理赔员以及其他汽车行业工程技术人员阅读参考。

　　本书由广州合赢教学设备有限公司组编，任春晖、李颖任主编，赵鹏媛、彭小红任副主编，冯津主审，参编人员有吴荣辉、罗永志、姚科业、朱芳武、顾惠烽、周迪培、刘春宁、李苏燕、丘会英、陈立辉、甘彩连、李建涛、张运宇、王怡、张弦、张峰、李海杰、肖壮飞、黄名锐、肖彦辉、惠志强。

　　限于编者水平有限，书中难免存在不当之处，敬请广大读者批评指正。在本书编写过程中参考了大量国内外相关著作、汽车厂家的培训课件及其他文献资料，在此一并向有关作者及汽车厂家表示最真诚的感谢！

编　者

CONTENTS
目 录

新能源汽车暖风与空调系统

项目描述

纯电动汽车没有发动机，暖风与空调系统如何工作呢？本项目介绍新能源汽车暖风与空调系统的特点、结构原理与检测，包含以下三个任务。

任务一：新能源汽车暖风与空调系统认知。

任务二：新能源汽车暖风系统检修。

任务三：新能源汽车空调系统检修。

通过以上三个任务的学习，掌握新能源汽车暖风与空调系统结构组成，能够正确操作使用新能源汽车暖风与空调系统，能够对新能源汽车暖风与空调系统进行检修。

任务一　新能源汽车暖风与空调系统认知

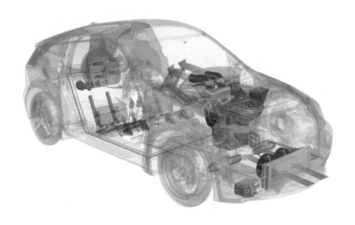

学习目标

◎ 知识目标

1. 能够描述新能源汽车暖风与空调系统和传统汽车的区别。

2. 能够描述新能源汽车暖风与空调系统面板的技术特征。

◎ 技能目标

能够进行新能源汽车暖风与空调系统面板的操作。

一、任务导入

你的客户需要你向他详细介绍如何操控新能源汽车暖风与空调系统，以及新能源汽车暖风与空调系统配置的一些新功能如何正确使用，你能完成这个任务吗？

二、获取信息

引导问题 1 ➡ **新能源汽车的暖风与空调系统和传统汽车有什么区别？**

（1）空调压缩机驱动方式不同

新能源汽车空调制冷系统的制冷原理与传统汽车相同，区别是压缩机驱动方式发生了变化。新能源汽车空调压缩机采用电驱动方式，而传统汽车绝大多数采用发动机传动带驱动。传统汽车与新能源汽车的空调压缩机如图 1-1-1 所示。

a) 传统汽车传动带驱动空调压缩机   b) 新能源汽车电驱动压缩机

图 1-1-1　传统汽车与新能源汽车空调压缩机的区别

（2）暖风实现形式不同

新能源汽车在暖风实现形式上，通常是利用电加热的方式来产生暖风的。电加热的方式有两种：一种是通过加热冷却液，再经过循环，为暖风冷却液箱提供热量；另一种是直接加热经过蒸发箱的空气实现暖风。图 1-1-2 所示是用于暖风加热的 PTC 加热器（热交换器，是一种陶瓷电热元件）。

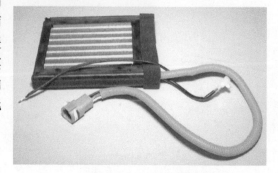

（3）送风系统略有区别

新能源汽车送风系统与传统汽车基本相同，空气通过蒸发器和热交换器形成冷风/暖风和风速，根据用户的需要输送到指定出风口。

图 1-1-2　PTC 加热器

新能源汽车送风系统的组成如图 1-1-3 所示，空气流向增加用于暖风系统的热交换器。

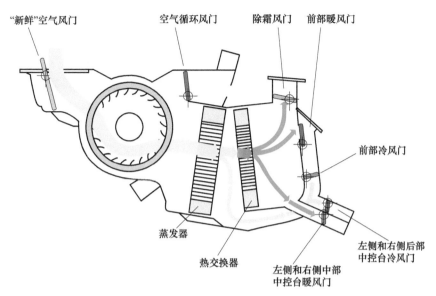

图 1-1-3　新能源汽车送风系统组成

 新能源汽车的暖风与空调系统控制面板有什么技术特征？

1. 新能源汽车暖风与空调系统面板组成

大多数纯电动汽车的空调暖风开关的设计都集中在一个操控面板上，这样不仅节省仪表板的空间而且有利于用户进行自主切换。新能源汽车控制面板的按钮功能如图 1-1-4 所示。

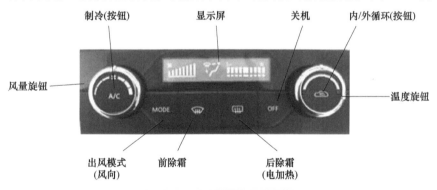

图 1-1-4　空调控制面板组成

2. 典型车型空调控制面板的功能

以下以荣威 E50 纯电动汽车空调控制面板（图 1-1-5）为例，详细说明各开关按钮的功能。

（1）空调面板液晶屏显示区域

空调面板液晶屏显示区域通常设计用于显示出风口的风向位置信息、鼓风机的风量大小信息、内外循环的开关信息、冷/热风交换翻板位置信息等。

1）出风口的风向位置信息：指示车辆按照当前驾驶模式下，车内送风风向位置如面部、脚部等信息。

2）鼓风机的风量大小信息：指示车辆当前空调系统送风风量的大小。

3）内、外循环的开关信息：指示车辆当前的空气循环路径。

4）冷／热风交换翻板位置信息：指示车辆当前冷／热风翻板所处的位置。

（2）空调开关（A/C）

空调的英文是 Air Conditioner，因此常用 AC 或 A/C 来指代空调或空调器。

荣威 E50 纯电动汽车不再是机械空调按钮，而采用触摸式按钮。按照液晶显示屏的提示信息，正确操作空调开关，使空调系统正常运转，如图 1-1-6 所示是启动按钮。

图 1-1-5　荣威 E50 空调控制面板

启动按钮

图 1-1-6　荣威 E50 空调控制面板启动按钮

（3）冷／热风交换翻板按钮（暖风开关）

正确操作冷／热风交换翻板按钮（图 1-1-7），使翻板位置处在热风位置，为车内供暖。

（4）鼓风机风量调节按钮

正确调节鼓风机风量大小，根据用户的意愿使送风量达到合适的状态。图 1-1-8 中指示线指示的"风扇"大小是鼓风机风量调节按钮。

操作冷/热风交换翻板按钮

图 1-1-7　荣威 E50 空调控制面板冷／热风交换翻板按钮

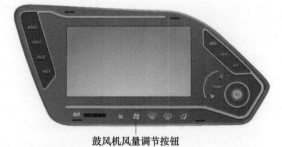

鼓风机风量调节按钮

图 1-1-8　荣威 E50 空调控制面板风量调节按钮

（5）出风口位置按钮

正确调节出风口位置按钮（图 1-1-9），根据用户的意愿使送风位置达到合适的状态。

（6）内、外循环开关按钮

正确操作内、外循环开关按钮（图 1-1-10 指示线指示），长时间使用内循环车内空气不与外界交换，车内空气不流通，会使车内人员感觉不适，应及时打开外循环保持空气流通，营造一个良好的空气环境。

图 1-1-9　荣威 E50 空调控制面板出风口位置按钮

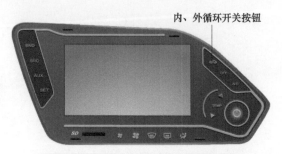

内、外循环开关按钮

图 1-1-10　荣威 E50 空调控制面板内、外循环位置按钮

三、任务实施

1. 实施要求

本操作任务主要完成纯电动汽车暖风与空调系统面板的操作。

1）空调制冷系统操作。

2）暖风系统操作。

2. 实施准备

1）防护装备：常规实训装备。

2）车辆、台架、总成：荣威E50，或比亚迪E6，或北汽新能源，或其他纯电动汽车。

3）专用工具、设备。

4）手工工具。

5）辅助材料。

3. 实施步骤

以荣威E50为例介绍新能源汽车暖风与空调系统面板操作，其他车型可参照车主手册。

（1）控制面板介绍

荣威E50控制面板如图1-1-11所示。

图1-1-11　荣威E50控制面板

1—空调开关按钮　2—A/C开关按钮　3—温度上升按钮　4—温度下降按钮　5—空气分配模式按钮
6—后风窗加热按钮　7—前除霜按钮　8—风量增大按钮　9—风量减小按钮　10—显示屏　11—空气循环模式按钮

空调显示屏系统界面如图1-1-12所示。

➡ **说明**：按某个按钮时，其背景灯亮起，表示处于激活状态；背景灯不变，表示处于未激活状态。

空调显示屏状态栏显示如图1-1-13所示。

➡ **说明**：当按空调系统任意按钮后5s，显示屏显示界面将返回上一界面，并在显示屏上方以状态栏显示空调系统工作状态，空调系统关闭后，状态栏显示"Climate off"。

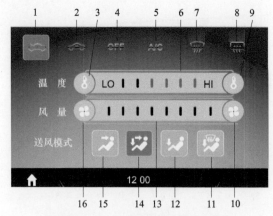

图 1-1-12　空调显示屏系统界面

1—外循环模式触摸键　2—内循环模式触摸键　3—温度下降触摸键　4—空调开关触摸键　5—A/C 开关触摸键　6—温度显示　7—除霜 / 雾触摸键　8—后风窗加热触摸键　9—温度上升触摸键　10—风量增大触摸键　11—吹脚 / 除霜模式触摸键　12—吹脚模式触摸键　13—风量显示　14—吹面 / 吹脚模式触摸键　15—吹面模式触摸键　16—风量减小触摸键

图 1-1-13　空调显示屏状态栏显示

1—温度设定　2—除霜 / 雾（黄色）　3—后风窗加热（黄色）　4—空气分配模式设置
5—空气循环　6—A/C 开启　7—OFF/ON　8—风量设定

（2）暖风与空调系统面板的操作步骤

1）点击液晶显示器启动按钮，如图 1-1-14 所示。

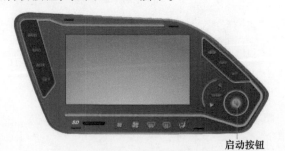

启动按钮

图 1-1-14　点击启动按钮

2）点击 SRC（同步遥控）按钮，点击通风按钮进入空调界面。

3）点击 A/C 开关，打开空调压缩机进入冷风模式。

4）打开冷 / 热风交换翻板按钮，使翻板位置处在热风位置，为车内供暖。可增加温度或降低温度。

5）调节鼓风机风量大小，根据用户意愿使送风量达到合适的状态。可增加风量或减小风量。

6）调节出风口位置按钮，根据用户意愿使送风位置达到合适的状态。打开吹面吹脚风道；打开吹脚风道，打开吹脚吹前风窗玻璃风道，打开吹面风道。

7）切换到内循环模式，切换到外循环模式。

8）关闭空调系统。

9）点击液晶显示器开关，关闭屏幕。

四、任务考核

目标		考核题目	得分
知识目标	1	1）（判断）传统汽车与新能源汽车在空调压缩机上是有区别的，最主要的区别在于压缩机的驱动方式不同，新能源汽车的压缩机采用电驱动方式，传统燃油汽车绝大多数采用的是传动带驱动方式。（　　）	
		2）（判断）新能源汽车在暖风实现的形式上，通常是利用电加热的方式来产生暖风的。传统燃油汽车通常是利用冷却液为热源来产生暖风。（　　）	
		3）（判断）新能源汽车送风系统与传统汽车基本相似，空气通过蒸发器和热交换器形成冷风／暖风和风速，根据用户的需要输送到指定出风口。（　　）	
	2	1）（判断）少数纯电动汽车的空调暖风开关的设计都集中在一个操控面板上，这样不仅节省仪表板的空间，而且有利于用户进行自主切换。（　　）	
		2）（单选）以荣威 E50 纯电动汽车空调控制面板为例，说明各开关按钮的功能，说法有误的一项是（　　）。 A. 空调面板液晶屏显示区域通常设计用于显示出风口的风向位置信息、鼓风机的风量大小信息、内外循环的开关信息、冷／热风交换翻板位置信息等。 B. 荣威 E50 纯电动汽车采用的是机械空调按钮。 C. 长时间使用内循环，车内空气不与外界交换，车内空气不流通，会使车内人员感觉不适，此时应操作外循环按钮，打开外循环，保持空气流通，营造一个良好的空气环境。 D. 正确调节鼓风机风量大小，根据用户的意愿使送风量达到合适的状态。显示屏的"风扇"大小是鼓风机风量调节按钮。	
技能目标	1	1）（判断）荣威 E50 的液晶显示屏的启动按钮在显示屏的左下角。（　　）	
		2）（判断）点击 SRC 按钮，点击通风按钮进入空调界面。（　　）	
		3）（判断）调节鼓风机风量大小，根据用户的意愿使送风量达到合适的状态；可增加风量或减小风量。（　　）	
总分：　　　　分			
教师评语：			

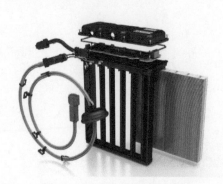

任务二　新能源汽车暖风系统检修

学习目标

◎ 知识目标

1. 能够描述新能源汽车暖风系统的功能和组成。
2. 能够描述新能源汽车暖风系统的加热方式。
3. 能够描述新能源汽车典型车型暖风系统的检修方法。

◎ 技能目标

能够进行新能源汽车 PTC 加热器更换与检测。

一、任务导入

一辆纯电动汽车发生空调无暖风故障，你的主管把该车的诊断与检修任务分配给你，你能完成这个任务吗？

二、获取信息

引导问题 1　新能源汽车的暖风系统有哪些功能？由哪些元件组成？

1. 新能源汽车暖风系统的功能

汽车暖风系统是将冷空气送入热交换器，吸收某种热源的热量，提高空气的温度，并将热空气送入车内。汽车暖风系统的功能如下。

1）与蒸发器一起共同将空气调节到使人感到舒适的温度。

2）向车内供暖，提高车内空气的温度。

3）当车窗结霜，影响驾驶人和乘客的视线，不利于行车安全时，可通过采暖装置吹出热风来除霜。

2. 新能源汽车暖风系统的组成

新能源汽车暖风系统由电子开关模块、空气净化风扇（鼓风机）、蒸发器、PTC 加热器（热交换器）、温度传感器、出风风道、出风口等构成。PTC 加热器作为加热元件，通过动力电池为其供电，由电子开关模块控制其通电发热，如图 1-2-1 所示。

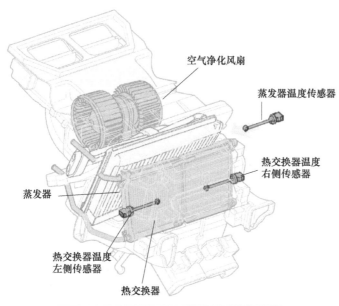

空气净化风扇

蒸发器温度传感器

热交换器温度
右侧传感器

蒸发器

热交换器温度
左侧传感器

热交换器

图 1-2-1 新能源汽车暖风系统的结构组成

引导问题 2 ▷ **新能源汽车的暖风系统有哪几种加热方式?**

新能源汽车暖风系统与传统汽车暖风系统的主要区别在于加热方式不同,以下介绍新能源汽车暖风的加热方式。

1. PTC 加热器的加热方式

纯电动汽车没有传统汽车的发动机,没有了热源,因此需要靠 PTC 加热器的热能来采暖。

PTC 是 Positive Temperature Coefficient 的英文缩写,即正温度系数。

1950 年荷兰人 Haayman 偶然首次发现了 $BaTiO_3$ 陶瓷的 PTC 铁电效应后,探索这种效应的机理一直是引人瞩目的研究课题。PTC 自理论问世至工业化生产走过了 20 余年的历程,而 PTC 产品的大量使用是在近 40 年的事情。目前,PTC 技术已成为现代化工业的重要组成部分。作为一种新型热敏电阻材料,其主要用途可分为开关和发热两大类别。

利用 PTC 材料具有的热敏特性,制成热敏开关类产品。利用发热类 PTC 性能稳定、升温迅速、受电源电压波动影响小等特性,制成的各种加热器产品已成为金属电阻丝类发热材料最理想的替代产品。PTC 加热器目前已大量应用于电动汽车暖风系统、电动汽车除霜机等。

PTC 加热器(图 1-2-2)采用热敏陶瓷元件,由若干单片组合后与波纹散热铝条经高温胶粘结而成,具有热阻小、换热效率高的显著优点。它的最大特点在于其安全性,即遇鼓风机故障堵转时,PTC 加热器因得不到充分散热,功率会自动急剧下降,此时加热器的表面温度维持限定温度(一般为 240℃左右),从而不致产生电热管类加热器表面的"发红"现象,避免了发生事故的隐患。

PTC 加热器的结构与参数如图 1-2-3 所示。

1)加热器:由两组电阻丝并联组成,单独控制。

2)温度传感器:检测加热器本体的温度,控制加热器导通和切断。

3)熔断器:防止加热器失控发生火灾。

图 1-2-2　PTC 加热器

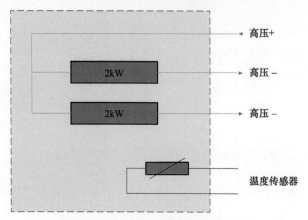

图 1-2-3　PTC 加热器结构示意图

PTC 加热器内部结构参数如图 1-2-4 所示。

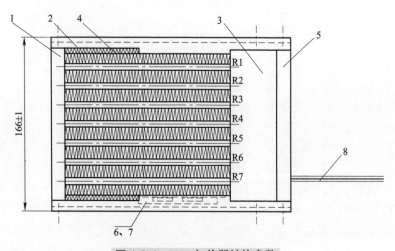

图 1-2-4　PTC 加热器结构参数

1—左基座　2—上、下基座　3—右基座　4—PTC 加热器
5、7—盖板　6—熔断器底座　8—导线

PTC 加热器的控制原理如图 1-2-5 所示（以北汽 EV 系列电动汽车为例）。

点火开关打开后，空调继电器为压缩机控制器、PTC 控制器和 PTC 提供电源。PTC 控制器根据来自空调面板的暖风请求信号（CAN-H 和 CAN-L）以及温度传感器信号，控制 PTC 加热器工作。

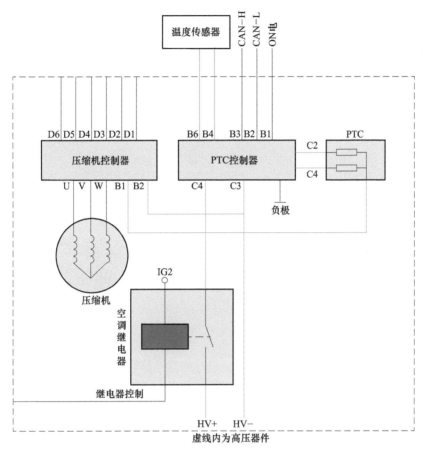

图 1-2-5　PTC 加热器的控制原理

2. 加热丝加热冷却液的方式

　　新能源汽车冷却液的作用，一方面是给汽车上容易发热的元件（如电机等）散热，另一方面在温度较低的情况下需要提供热能来供驾驶室采暖。纯电动汽车没有传统汽车的发动机，没有了足够的热源，这样一来在温度较低的情况下仅靠电动汽车上的电器元件工作的热量来加热冷却液是远远不够的，无法给驾驶室提供足够的热源。

　　为保证在温度较低的情况下，给车内提供足够的热量，在冷却液循环系统上安装一个加热装置，如图 1-2-6 所示，串联在冷却液循环系统中，来加热冷却液，使冷却液的温度达到合适的温度给车内提供足够的热量，加热器由控温器和限温器组成。控温器一般都设置在插入冷却液中的金属管内，其最高控制温度一般都设定合适的温度区域，这样就可保证加热器有较大的蓄热量，为了避免控温器失灵时加热冷却液温度过高，影响车辆的工作性能，还在加热器上安装了限温器，其限温值设定在略高于控温器的最高控

图 1-2-6　冷却液加热装置

制温度，一旦加热温度达到设定值时，限温器便立即切断电源，避免了加热失控，影响整车性能。

加热装置的工作状态如下。

（1）冷却液温度较低时的工作状态

如图 1-2-7 所示，加热丝导通。

（2）冷却液温度较高时的工作状态

如图 1-2-8 所示，加热丝断开。

3. 暖风系统的热泵实现方式

暖风加热系统的另一种实现方式是热泵。如图 1-2-9 所示，由传动带驱动直流无刷电动机的电动汽车热泵，空调系统的制冷 / 制热模式由四通换向阀转换，实线箭头表示制冷工况，虚线箭头表示制热

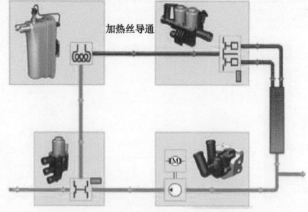

图 1-2-7　冷却液加热装置工作状态（一）

工况。从原理上讲，该系统与普通的热泵空调并无区别，但是用于电动汽车上，其专门开发了双工作腔滑片压缩机、直流无刷电动机和逆变器控制系统。在热泵工况下，系统从融霜模式转为制热模式时，风道内换热器上的冷凝水将迅速蒸发，在风窗玻璃上结霜，影响驾驶的安全性。

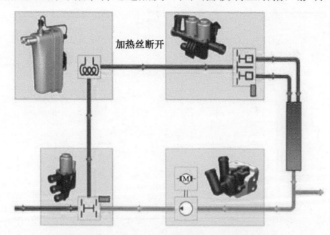

图 1-2-8　冷却液加热装置工作状态（二）

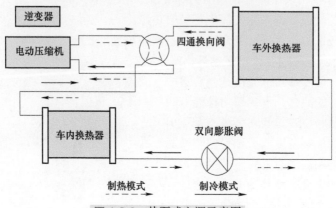

图 1-2-9　热泵式空调示意图

引导问题 3　**新能源汽车的暖风系统如何进行检修？**

以下以比亚迪 E6 纯电动汽车为例，介绍暖风系统检修方法，其他车型可以参考。

1. 比亚迪 E6 暖风系统的特点

比亚迪 E6 车型的空调系统采用机电一体化压缩机制冷及 PTC 制热模块采暖。与传统车型的空调系统相比，主要设计的区别是电动压缩机及 PTC 制热。制热方面，传统车型通过发动机冷却液的热量来制热，在发动机起动、暖机等冷却液温度较低阶段制热效果不好。而比亚迪 E6 通过约 3000W 的 PTC 制热模块制热，制热效果好，同时可以调节制热量。

2. 比亚迪 E6 暖风系统的原理

比亚迪 E6 暖风系统采用空调控制器驱动 PTC 加热器制热，通过鼓风机吹出的空气将 PTC 散发出的热量送到车厢内或风窗玻璃上，用以提高车厢内温度和除霜，如图 1-2-10 所示。

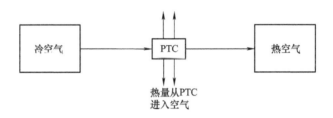

图 1-2-10　比亚迪 E6 暖风系统原理

PTC 加热器实物如图 1-2-11 所示。

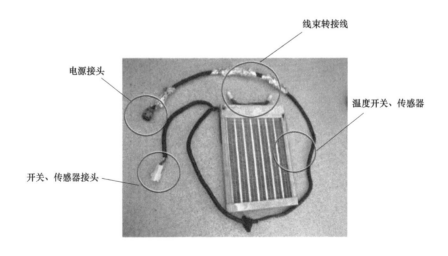

图 1-2-11　PTC 加热器实物

3. 比亚迪 E6 暖风系统检修

（1）比亚迪 E6 暖风系统故障检修流程分析

阅读并分析比亚迪 E6 暖风系统故障检修的流程，其流程如图 1-2-12 所示。

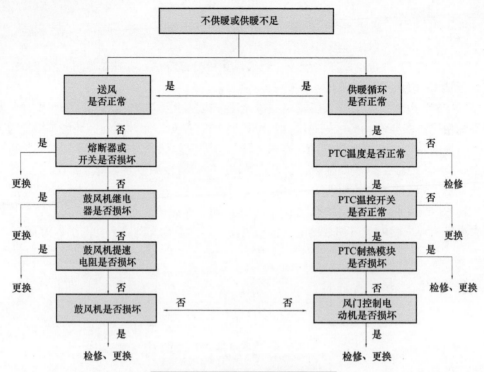

图 1-2-12 暖风系统故障检修流程

（2）PTC 温度传感器检查

比亚迪 E6 暖风系统的 PTC 温度传感器的电路如图 1-2-13 所示。

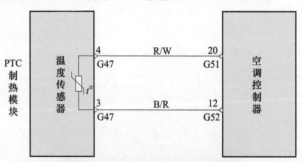

图 1-2-13 PTC 温度传感器电路

利用万用表检测 PTC 温度传感器端子的线束，检测数据见表 1-2-1。

表 1-2-1 PTC 温度传感器接线端子检测数据

端子	正常值
G47-4-G51-20	<10Ω
G47-3-G52-12	<1Ω
G47-4-车身搭铁	>10kΩ
G47-3-车身搭铁	>10kΩ

（3）PTC 制热模块的检查

比亚迪 E6 暖风系统 PTC 制热模块的电路如图 1-2-14 所示。

利用万用表检测 PTC 制热模块的电源、接地以及与各控制器之间的线路是否导通。

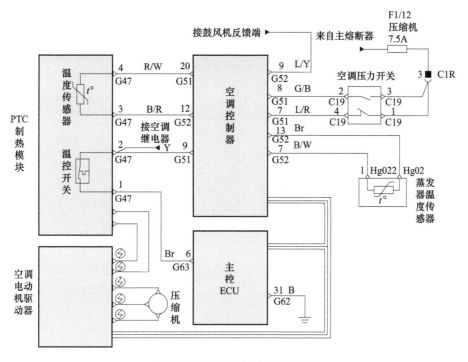

图 1-2-14　PTC 制热模块电路

（4）温控开关检查

比亚迪 E6 暖风系统温控开关的电路如图 1-2-15 所示。

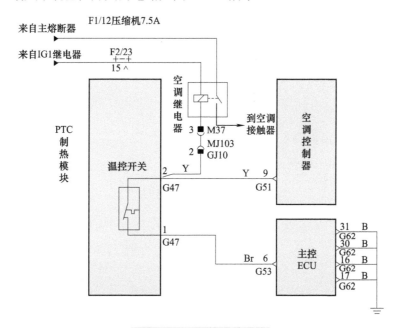

图 1-2-15　温控开关电路

利用万用表检测温控开关端子的线束，检测数据见表 1-2-2。

表 1-2-2 温控开关接线端子检测数据

端子	条件	正常值
G47-1-G47-2	$t<80℃$	$<1\Omega$
G47-1-G47-2	$t>85℃$	$>10k\Omega$

（5）PTC 加热器芯拆装及更换

以下是更换比亚迪 E6 PTC 加热器芯的程序，但并不适用于所有的车型，具体参照车型的维修资料。

1）断掉电源，打开维修开关。参照高压中止程序执行！

2）拆卸仪表板相关部件，以便接近加热器芯。

3）拆下加热器芯，并且固定支架卡箍。

4）从外壳上取出加热器芯。

5）按照维修手册的方法更换 PTC 加热器，然后装复。

6）恢复维修开关到通电位置，连接电源，起动车辆测试。

三、任务实施

1. 实施要求

本操作任务主要完成纯电动汽车暖风 PTC 加热器的检测与更换。

1）检查 PTC 绝缘性。

2）拆卸 PTC 加热器。

3）检测 PTC 加热器的电阻。

4）安装 PTC 加热器。

2. 实施准备

1）防护装备。

2）车辆、台架、总成：荣威 E50，或比亚迪 E6，或北汽新能源，或其他纯电动汽车。

3）专用工具、设备。

4）手工工具。

5）辅助材料。

3. 实施步骤

根据实训室的车辆配置，对纯电动汽车暖风系统进行检修。掌握本次实训课所使用仪器及设备的使用方法，并强调实训中的安全注意事项。

> **！警告：**
>
> 1）禁止未参加该车型系统知识培训的维修人员拆装，拆装更换部件时，请注意型号及加热功率，以免发生危险。在拆装过程中，请小心防护 PTC 加热器，避免损伤部件，造成不必要的损失。
>
> 2）在进行高压相关操作前，维修人员必须穿戴好劳保用品，戴好绝缘手套，穿好高压绝缘鞋，在戴绝缘手套前，必须检查绝缘手套是否有破损的地方，确保手套无绝缘失效。

（1）检查 PTC 绝缘性

1）选用 10mm 扳手拧松蓄电池负极线固定螺栓，取下负极线，并对负极端子做好防护。

注意事项：

① 拆卸蓄电池负极前，必须确保点火开关处于关闭状态，并将车钥匙放在口袋。

② 必须等待 15min 后方可进行下一步操作。

③ 拆卸高压零部件前，必须做好防护措施。

④ 拆卸高压零件时，必须使用绝缘工具。

2）拆卸 PTC 高压线插接器，如图 1-2-16 所示。

3）打开万用表，并使用万用表电阻档，红表笔与黑表笔对表，阻值为 0.5Ω。

正常阻值：应小于 1Ω。

4）红表笔分别连接三针 PTC 高压线线束插头，黑表笔连接车身搭铁。

5）检查 PTC 高压线是否存在对地短路。

正常值：应不导通，测量值为无穷大。

图 1-2-16　拆卸 PTC 高压线插接器

6）经检测，测量值为无限大，说明不存在短路现象。

7）收起红表笔和黑表笔，关闭万用表。

8）安装 PDU（Power Distribution Unit，电源分配单元）与慢充高压线线束插头，并安装到位。

9）清除防护胶带，安装蓄电池负极。

10）使用 10mm 扳手紧固负极线固定螺栓。

标准力矩：10N·m。

11）6S。

① 整理工位。

② 清洁工具。

③ 整理工具。

④ 清洁工位。

（2）PTC 加热器拆卸

1）关闭点火开关，拔下钥匙。

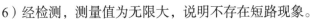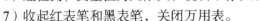

! 警告：正常情况下，在钥匙开关关闭后，高压系统还存在高压电，这是电动机控制器中高压电容的存在造成的，需要经过一段时间的等待，高压电容中的电才能被完全释放。

2）打开前机舱，铺设翼子板护垫。

3）断开低压蓄电池负极，用绝缘胶带包裹负极防止虚接。

4）检查绝缘手套是否破损，戴上绝缘手套，断开 PTC 高压插头，如图 1-2-17 所示。

5）将万用表旋至直流电压档，通过测量 12V 低压蓄电池电压的方式核实数字万用表。

6）将万用表旋至直流电压档，用万用表检测 PTC 高压线束端子之间电压和端子对地电压，如图 1-2-18 所示。

7）分别拆下驾驶人、前排乘客的副仪表板子母扣，取下副仪表板前挡板总成，如图 1-2-19 所示。

图 1-2-17 断开 PTC 高压插头

图 1-2-18 检测 PTC 高压线束端子对地电压

8）断开加速踏板上方的 PTC 总成高压线束。

9）断开安全气囊模块左侧的 PTC 负极搭铁。

10）在 PTC 高压线束插口端固定牵引导线。

11）拆下暖风蒸发箱总成的 PTC 盖板固定螺钉，取下 PTC 盖板。

12）从暖风蒸发箱抽出 PTC 总成及 PTC 高压线束。

13）断开 PTC 温度传感器插头。

14）断开高压线束牵引卡子，取出 PTC 总成及 PTC 高压线束，如图 1-2-20 所示。

图 1-2-19 取下副仪表板前挡板总成

图 1-2-20 取出 PTC 总成及 PTC 高压线束

15）6S（只做其中的 4S）。

①整理工位。

②清洁工位。

③整理工具。

④清洁工具。

（3）PTC 加热器的电阻检测

1）将万用表旋至电阻档，校正万用表。

2）将端子针延长线接入温控开关端子。

3）测试温控开关端子间电阻。

温控开关电阻规格：

当最低温度低于 80℃时，电阻值应小于 1Ω。

当最高温度高于 85℃时，电阻值应大于 $10k\Omega$。

4）拔出端子针延长线。

5）测量 PTC 加热器端子之间的电阻。规格如下：

①将表笔连接蓝色和白色端子，应为 $1000{\sim}1100\Omega$。

②将表笔连接红色和白色端子，应为 $330{\sim}3700\Omega$。

③将表笔连接红色和蓝色端子，应为 $600{\sim}700\Omega$。

6）关闭万用表。

7）6S（只做其中的4S）。

① 整理工位。

② 清洁工位。

③ 整理工具。

④ 清洁工具。

（4）PTC加热器的安装

1）将PTC高压线束插头固定在牵引线上。

2）将PTC总成插入暖风蒸发箱内。

3）缓慢拖动前机舱侧导线将PTC高压线束插头从前排乘客位拖到驾驶人位，如图1-2-21所示。

4）松开PTC高压线束的牵引线。

5）安装PTC负极搭铁线。

6）将PTC盖板固定到暖风蒸发箱上。

7）安装PTC温度传感器插头。

8）安装前排乘客副仪表板前挡板总成，并扣上子母扣。

9）安装PTC插头，如图1-2-22所示。

图1-2-21　将PTC高压线束插头从前排乘客位
拖到驾驶人位

图1-2-22　安装PTC插头

10）安装驾驶人副仪表板前挡板总成，并扣上子母扣。

11）安装PTC高压线束插头。

12）安装蓄电池负极线。

13）打开点火开关，开启暖风测试温度，如图1-2-23所示。

14）用手感受出风口温度，如图1-2-24所示。

图1-2-23　开启暖风测试温度

图1-2-24　用手感受出风口温度

15）关闭暖风系统。

16）关闭点火开关，收起翼子板护垫。

17）关闭前机舱盖。

18）6S（只做其中的4S）。

① 整理工位。
② 清洁工位。
③ 整理工具。
④ 清洁工具。

四、任务考核

目标		考核题目	得分
知识目标	1	1）（判断）汽车暖风系统是将冷空气送入热交换器，吸收某种热源的热量，提高空气的温度，并将热空气送入车内。（　　）	
		2）（判断）新能源汽车暖风系统由电子开关模块、空气净化风扇（鼓风机）、蒸发器、PTC加热器（热交换器）、温度传感器、出风风道、出风口等构成。（　　）	
		3）（单选）不属于汽车暖风系统功能的是（　　）。 A. 与蒸发器一起共同将空气调节到使人感到舒适的温度。 B. 在寒冷的冬季向车内供暖，提高车内空气的温度。 C. 当车窗结霜，影响驾驶人和乘客的视线，不利于行车安全时，可通过采暖装置吹出热风来除霜。 D. 压缩机是空调的动力源。	
	2	1）（判断）新能源汽车暖风系统与传统汽车暖风系统的主要区别在于加热方式不同。（　　）	
		2）（单选）不属于新能源汽车暖风加热方式的是（　　）。 A. 利用冷却液的热量加热　　　　B. PTC加热器的加热方式 C. 加热丝加热冷却液的方式　　　　D. 暖风系统的热泵实现方式	
		3）（判断）纯电动汽车是没有汽车发动机的，没有了热源，大多数纯电动汽车采用PTC加热器的热能来采暖。（　　）	
	3	1）（判断）比亚迪E6车型的空调系统采用机电一体化压缩机制冷及PTC制热模块采暖。与传统车型的空调系统相比，主要区别是电动压缩机及PTC制热。（　　）	
		2）（单选）比亚迪E6通过约（　　）W的PTC制热模块制热，制热效果好，同时可以调节制热量。 A. 1500　　B. 2000　　C. 2500　　D. 3000	
		3）（判断）比亚迪E6暖风系统采用空调控制器驱动PTC加热器制热，通过鼓风机吹出的空气将PTC散发出的热量送到车厢内或风窗玻璃上，用以提高车厢内温度和除霜。（　　）	
		4）（单选）在检查电路的端子时最常用到的工具是（　　）。 A. 试灯　　B. 电流钳　　C. 万用表　　D. 示波器	
技能目标	1	1）（判断）在进行高压，相关操作前，维修人员必须穿戴好劳保用品，戴好绝缘手套，穿好高压绝缘鞋，戴上绝缘手套，没有必要每次检查手套的绝缘性。（　　）	
		2）（判断）在检查PTC高压线的线束插头时，通常先要检查万用表自身的内阻，万用表正常的内阻应小于1Ω。（　　）	
		3）（判断）正常情况下，在钥匙开关关闭后，高压系统还存在高压电，这是电动机控制器中高压电容的存在造成的，需要经过一段时间的等待，高压电容中的电才能被完全释放。（　　）	
总分：		分	
教师评语：			

任务三　新能源汽车空调系统检修

学习目标

◎ 知识目标

　1. 能够描述新能源汽车空调系统的结构组成和工作原理。

　2. 能够描述新能源汽车典型车型空调系统的检修方法。

◎ 技能目标

　1. 能够进行新能源汽车空调压缩机的更换。

　2. 能够进行新能源汽车空调制冷剂的加注。

　3. 能够进行新能源汽车空调系统的基本检查。

一、任务导入

　　一辆纯电动汽车发生空调系统不制冷的故障，你的主管把该车的诊断与检修的任务分配给你，你能完成这个任务吗？

二、获取信息

 **新能源汽车空调系统的结构原理和传统汽车一样吗？**

　　新能源汽车空调系统与传统汽车空调系统制冷原理大致相同，主要区别是压缩机的驱动方式，纯电动汽车的空调采用电动方式来驱动压缩机，这有别于传统汽车通过内燃机曲轴传动带驱动形式。

1. 新能源汽车空调制冷系统结构组成

新能源汽车空调制冷系统的结构组成示意图如图 1-3-1 所示。

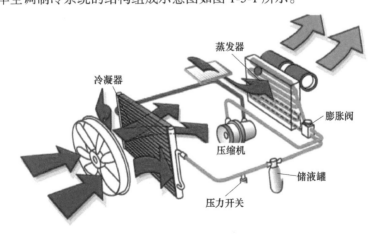

图 1-3-1　新能源汽车空调制冷系统示意图

以下以比亚迪 E6 为例，介绍空调系统的组成。

比亚迪电动空调系统的组成与传统车型相似：主要由空调系统总成 HVAC（空调箱体）、

空调管路、电动压缩机、冷凝器、空调控制面板及相关传感器、空调驱动器等组成。其中空调驱动器与 DC/DC 变换器布置于同一壳体中，位于前舱左侧。电加热模块（PTC）取代了暖风芯体，不在 HVAC 总成中。

比亚迪 E6 空调系统制冷及送风系统的组成如图 1-3-2 所示。

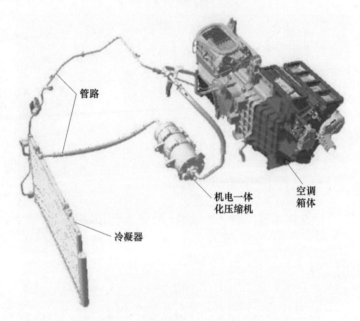

管路

机电一体
化压缩机

空调
箱体

冷凝器

图 1-3-2　比亚迪 E6 空调系统制冷及送风系统的组成

2. 新能源汽车制冷系统工作参数

新能源汽车制冷系统的主要工作参数（图 1-3-3）如下：低压一般在 0.25~0.3MPa；高压一般在 1.3~1.5MPa。平衡压力一般为 0.6MPa 左右，因受环境温度及加注量同时影响，不可作为主要依据，为参考数值。

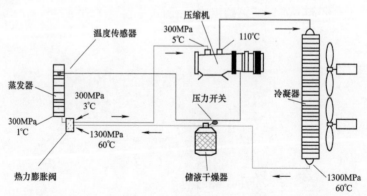

温度传感器

压缩机

300MPa
5℃

110℃

蒸发器

300MPa
3℃

压力开关

冷凝器

300MPa
1℃

1300MPa
60℃

热力膨胀阀

储液干燥器

1300MPa
60℃

图 1-3-3　新能源汽车制冷系统的工作参数

3. 新能源汽车制冷剂的工作特性

新能源汽车制冷剂的工作特性与传统车辆相同：高压液态散热，低压气态吸热，如图 1-3-4 所示。

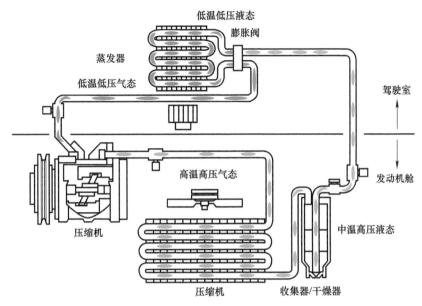

图 1-3-4 新能源汽车制冷系统的工作特性

4. 新能源汽车制冷系统的控制原理

新能源汽车制冷系统的控制原理如图 1-3-5 所示（以北汽 EV 系列电动汽车为例）。

空调控制面板根据用户的操作需求，发送 A/C 信号、冷暖选择信号、鼓风机信号到整车控制器，整车控制器同时接收空调压力开关、温度信号，通过控制器局域网络（Controller Area Network，CAN）传输系统指令压缩机控制器驱动压缩机工作，同时整车控制器也控制冷凝风扇运转。

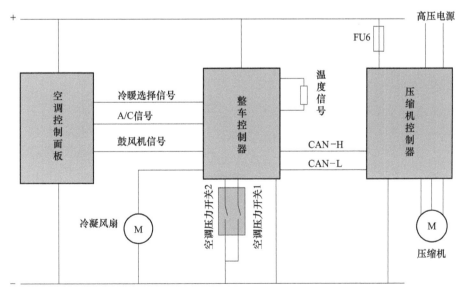

图 1-3-5 北汽新能源汽车制冷系统控制原理

比亚迪 E6 电动空调系统控制框图如图 1-3-6 所示。

空调控制器接收空调面板开关、各种相关传感器、冷媒压力开关信号，直接控制鼓风机及各风门电动机动作，同时通过 CAN 信号，指令空调驱动器驱动电动压缩机和 PTC 加热器，指令主控电子控制单元（Electronic Control Unit，ECU）控制风扇动作。

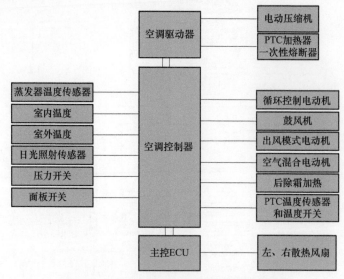

图 1-3-6　比亚迪 E6 电动空调系统控制框图

引导问题 2　　　**新能源汽车的空调系统如何进行充电检修？**

以下以比亚迪 E6 纯电动汽车为例，介绍空调系统检修方法，其他车型可以参考。

比亚迪 E6 车型的空调系统采用机电一体化压缩机制冷及 PTC 加热器采暖。与传统车型的空调系统相比，主要区别是电动压缩机及 PTC 制热。传统车辆上，制冷压缩机靠带轮，通过发动机曲轴带动转动，其转速只能被动地通过发动机转速来调节，空调系统无法主动对压缩机转速进行调节。而比亚迪 E6 空调系统的压缩机为电动压缩机，其驱动靠高压电驱动，转速可以由控制系统主动调节，调节范围在 0~4000r/min。这样保证了良好的制冷效果，同时也节省了电能。

1. 电动压缩机

（1）比亚迪 E6 压缩机的作用

压缩机是汽车空调制冷装置的心脏，其作用是将低压低温的气态制冷剂压缩成高压高温的气态制冷剂，并推动制冷剂在系统中循环流动。比亚迪 E6 的空调压缩机如图 1-3-7 所示。

图 1-3-7　比亚迪 E6 空调压缩机

（2）比亚迪 E6 压缩机的结构

比亚迪 E6 采用的电动涡流式压缩机属于第 3 代压缩机。电动压缩机采用螺旋式的压缩盘，结构如图 1-3-8 所示。

图 1-3-8 电动压缩机的压缩盘

涡流式压缩机结构主要分为动静式和双公转式两种。目前动静式应用最为普遍，它的工作部件主要由动涡轮（旋转涡管）与静涡轮（固定涡管）组成。动、静涡轮的结构十分相似，都是由端板和由端板上伸出的渐开线形涡旋齿组成，如图 1-3-9 所示。两者偏心配置且相互错开，静涡轮静止不动，而动涡轮在专门防转机构的约束下，由曲轴带动做偏心回转平动，即无自转，只有公转。

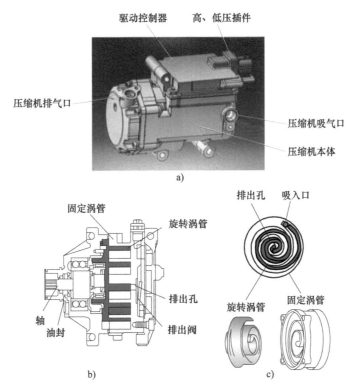

图 1-3-9 涡流式压缩机的结构

（3）比亚迪 E6 压缩机的工作过程

比亚迪 E6 电动压缩机的工作过程如图 1-3-10 所示。

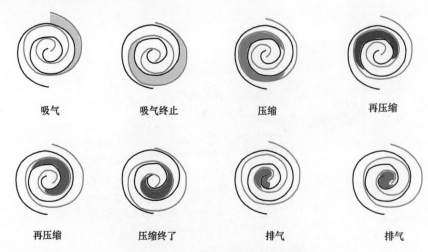

| 吸气 | 吸气终止 | 压缩 | 再压缩 |

| 再压缩 | 压缩终了 | 排气 | 排气 |

图 1-3-10　电动压缩机的工作过程

涡流式压缩机的工作过程如图 1-3-11 所示，吸气口设在固定涡旋轮外侧，由于曲柄的转动，气体由边缘吸入，并被封闭在月牙形容积内，随着接触线沿涡旋面向中心推进，月牙形容积逐渐缩小而压缩气体。高压气体则通过固定涡旋盘上的轴向中心孔排出。图 1-3-11a 表示正好吸气完了的位置。图 1-3-11b 表示涡旋外围为吸气过程，中间为压缩过程，中心处为排气过程。图 1-3-11c、图 1-3-11d 表示连续而同时进行着吸气和压缩过程。在曲轴的每一转中，都形成一个新的吸气容积，所以上述过程不断重复，按顺序完成。

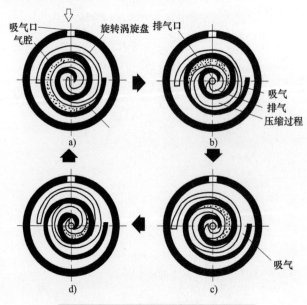

图 1-3-11　涡流式压缩机的工作过程

（4）比亚迪 E6 压缩机的电路

比亚迪 E6 压缩机的接线如图 1-3-12 所示，电路如图 1-3-13 所示。

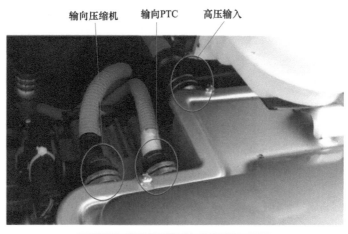

输向压缩机　　输向PTC　　高压输入

图 1-3-12　比亚迪 E6 压缩机的接线

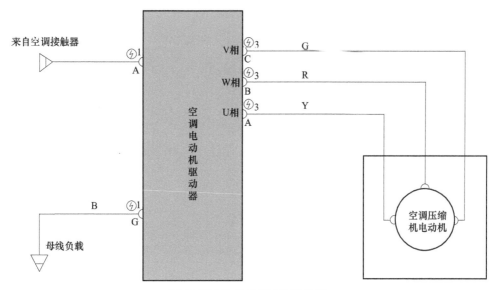

图 1-3-13　电动压缩机的电路

（5）比亚迪 E6 压缩机的工作参数

比亚迪 E6 压缩机的工作参数如下：

工作电压：320V。

制冷剂型号和加注量：R134a，550g。

压缩机油型号和加注量：POE68，120mL。

（6）比亚迪 E6 压缩机的故障诊断

电动压缩机的故障一般采用检查系统压力的方式进行诊断。

1）压力测量。

满足下列条件后读取歧管压力表压力。

测试条件：

- 起动车辆。

- 鼓风机转速控制开关置于"HI"位置。
- 温度调节旋钮置于"COOL"位置。
- 空调开关打开。
- 车门全开。
- 点火开关置于可使空调压缩机运转的位置。

正常工作的制冷系统仪表读数见表 1-3-1，系统正常压力表指示如图 1-3-14 所示。

表 1-3-1　系统正常压力读数

压力	读数
低压压力	0.15 ~0.25 MPa
高压压力	1.37 ~1.57 MPa

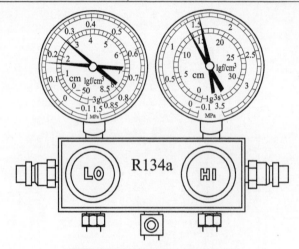

图 1-3-14　系统正常压力表指示

压缩机压缩量不足时，制冷系统压力表读数见表 1-3-2，系统压力故障表指示如图 1-3-15 所示。

表 1-3-2　系统压力故障压力读数

压力	读数	可能原因	诊断	纠正措施
低压压力	高	压缩机内部泄漏	压缩能力过低，阀门损坏引起泄漏，或零件可能断裂	更换压缩机
高压压力	低			

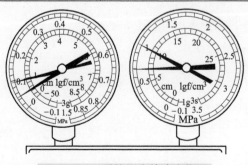

图 1-3-15　系统压力故障表指示

导致汽车空调制冷不足的故障原因很多，在诊断时应熟练掌握制冷系统的工作原理，利用系统的高、低压压力，并配合各部位的温度变化，根据不同元件故障的特征，进行确认与排除。

2）比亚迪 E6 空调电动压缩机不转的原因。

空调制冷请求信号发送的条件有：

- A/C 按键有效。
- 空调系统压力非高压、非低压。
- 压缩机起停时间间隔不少于 10s。
- 蒸发器温度不低于 4℃。
- 鼓风机运转。
- 在满足空调制冷的条件下，如果压缩机不运转，检查压缩机电路及压缩机本体。

2. 空调制冷系统其他组成部件

比亚迪 E6 以及其他新能源汽车空调制冷系统其他部件与传统汽车基本一致，以下简要介绍这些部件的作用及结构原理。

（1）冷凝器

冷凝器如图 1-3-16 所示。冷凝器的作用是对压缩机排出的高温高压制冷剂蒸气进行冷却，使之凝结成高温高压液体。制冷剂蒸气放出的热量排到大气中。

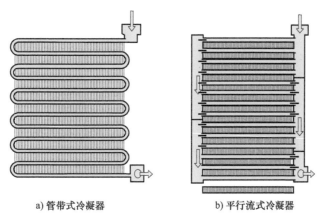

a）管带式冷凝器　　　b）平行流式冷凝器

图 1-3-16　冷凝器

（2）储液干燥器

储液干燥器如图 1-3-17 所示。储液干燥器作用如下。

1）储存制冷剂：接受从冷凝器来的液体并加以储存，根据蒸发器的需要提供所需的制冷剂量。

2）过滤：将系统中经常会出现的杂质和其他脏物，如锈蚀、污垢、金属微粒等过滤掉，这些杂质会损伤压缩机轴承，还会堵塞过滤网和膨胀阀。

3）吸收系统中的湿气：汽车空调系统中要求湿气越少越好，因为湿气会造成"冰塞"并腐蚀系统管道等，使制冷系统不能正常工作。

（3）膨胀阀

膨胀阀如图 1-3-18 所示。膨胀阀的作用如下。

图 1-3-17　储液干燥器

1）节流降压：使从冷凝器过来的高温高压液体制冷剂节流降压成为容易蒸发的低温低压雾状制冷剂进入蒸发器，即分开了制冷剂的高压侧和低压侧。

2）自动调节制冷剂流量：根据制冷负荷的改变和压缩机转速的变化，自动调节制冷剂进入蒸发器的流量以满足制冷循环的需要。

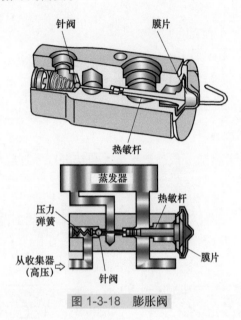

图 1-3-18 膨胀阀

（4）蒸发器

蒸发器如图 1-3-19 所示。蒸发器是汽车空调制冷系统中的另一个热交换器，作用与冷凝器相反，它是将经过节流降压后的液态制冷剂在蒸发器内沸腾汽化，吸收蒸发器表面周围空气的热量而使之降温，风机将冷风吹到车室内达到降温的目的。

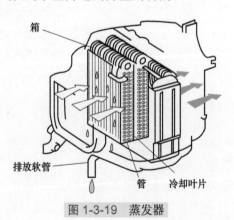

图 1-3-19 蒸发器

（5）压力开关

压力开关如图 1-3-20 所示。压力开关的作用是检测制冷系统内部压力，保护制冷系统。

新能源汽车空调系统采用三位开关，即低压、中压、高压。压力低于 0.18MPa，低压开关断开。压力高于 3.14MPa，高压开关断开，压缩机停止工作。压力高于 1.5MPa，中压开关闭合，冷凝风扇高速旋转。

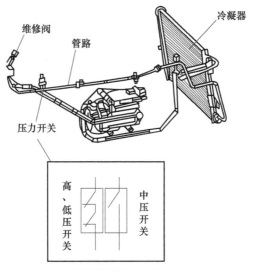

图 1-3-20 压力开关

3. 比亚迪 E6 空调系统电路图、控制器端子及检修数据

比亚迪 E6 空调系统电路如图 1-3-21 所示。

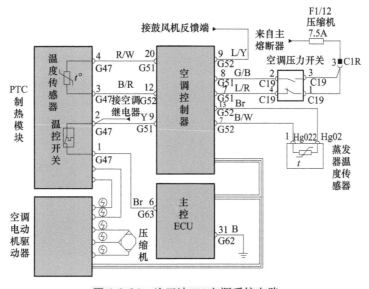

图 1-3-21 比亚迪 E6 空调系统电路

比亚迪 E6 电动空调控制器端子如图 1-3-22 所示。

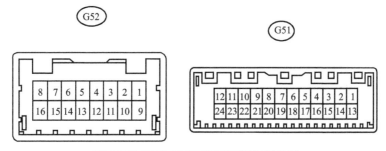

图 1-3-22 比亚迪 E6 空调控制器端子

比亚迪 E6 电动空调控制器端子定义见表 1-3-3。

表 1-3-3 比亚迪 E6 空调控制器端子定义

端子号	线色	端子描述	条件	正常值
G51-7 ~ 车身搭铁	R	高 / 低压压力开关信号输入端	0.196MPa ≤ 冷媒压力 ≤ 3.14MPa	11~14V
G51-8 ~ 车身搭铁	R	中压压力开关信号输入端	冷媒压力 ≥ 1.47MPa	11~14V
G51-24 ~ 车身搭铁	B/Y-B	ON 档电源输入端	电源档位上到 ON 档	11~14V
G51-23 ~ 车身搭铁	B/Y-B	ON 档电源输入端	电源档位上到 ON 档	11~14V
G51-17 ~ 车身搭铁	B	搭铁	始终	小于 1Ω
G51-18 ~ 车身搭铁	B	搭铁	始终	小于 1Ω
G51-22 ~ 车身搭铁	B	搭铁	始终	小于 1Ω
G51-13 ~ 车身搭铁	Lg/R	循环电动机内循环端	将内 / 外循环模式调至内循环	电压信号
G51-14 ~ 车身搭铁	G/W	循环电动机外循环端	将内 / 外循环模式调至外循环	
G52-9 ~ 车身搭铁	L/Y	鼓风机反馈端	开空调	反馈信号
G51-4 ~ 车身搭铁	L/B	鼓风机速度调整端	开空调	速度信号
G51-20 ~ 车身搭铁	R/W	PTC 温度传感器搭铁	始终	小于 1Ω
G52-12 ~ 车身搭铁	B/R	PTC 温度传感器输入端	开空调（制热模式）	温度信号
G51-9 ~ 车身搭铁	Y	空调继电器吸合信号	开空调	小于 1Ω
G52-5 ~ 车身搭铁	B/W	室内温度传感器搭铁	始终	小于 1Ω
G52-15 ~ G52-5	Sb-B/W	室内温度传感器输入		
G51-19 ~ 车身搭铁	B/W	日光照射传感器搭铁	始终	小于 1Ω
G52-14 ~ G51-19	O-B/W	日光照射传感器输入端	开空调	光照信号
G52-6 ~ 车身搭铁	B	室外温度传感器搭铁	始终	小于 1Ω
G52-16 ~ G52-6	P-B	室外温度传感器输入端	开空调	温度信号
G52-7 ~ 车身搭铁	B/W	蒸发器温度传感器搭铁	始终	小于 1Ω
G52-13 ~ G52-7	Br-B/W	蒸发器温度传感器输入端	开空调	温度信号
G51-2 ~ G51-1	Y/G-W/L	出风模式风门控制电动机电源输入端	开空调，调节出风模式	11~14V
G51-11 ~ 车身搭铁	R/L	出风模式风门位置反馈端	开空调，调节出风模式	风门位置信号
G51-1 ~ 6G51-15	G-P/L	用户侧空气混合电动机电源输入端	开空调，调节出风温度	11~14V
G52-10 ~ 车身搭铁	P/B	冷 / 暖风门位置反馈端	开空调，调节出风温度	风门位置信号
G52-8 ~ 车身搭铁	R/Y	冷 / 暖风门电动机及模式电动机高电位端	开空调	约 5V

注：线色缩写含义如下。R—红色，B—黑色，Y—黄色，G—绿色，W—白色，O—橙黄色，P—粉色，L—蓝色，Lg—浅绿色，Sb—天蓝色。

比亚迪 E6 空调控制器 CAN 的检测如下（图 1-3-21）。

1）拔下主控 ECU G63、G72 插接器。

2）拔下空调控制器 G52 插接器。

3）测量线束端插接器各端子间电阻，见表 1-3-4。

表 1-3-4 空调控制器端子接线规格表

端子	正常值
G52-2 ~ G15-3	＜1Ω
G52-3 ~ G15-1	＜1Ω
G52-2 ~ G63-9	＜1Ω
G52-3 ~ G63-1	＜1Ω
G52-2 ~ G72-24	＜1Ω
G52-3 ~ G72-12	＜1Ω

4. 比亚迪 E6 空调系统的故障现象对照表

比亚迪 E6 空调系统常见的故障及可能的故障部位见表 1-3-5。

表 1-3-5 比亚迪 E6 空调系统故障现象对照表

故障现象	可能的发生部位
制冷系统工作不正常（实际温度与设定温度有偏差，风速档位异常）	1. 各传感器
	2. 前调速模块
	3.A/C 鼓风机
	4. 空调控制面板总成
	5. 线束和插接器
出风模式调节不正常	1. 前出风模式风门控制电动机
	2. 空调控制器
	3. 线束和插接器
用户侧冷暖调节不正常	1. 用户侧空气混合控制电动机
	2. 空调控制器
	3. 线束和插接器
副用户侧冷暖调节不正常	1. 副用户侧空气混合控制电动机
	2. 空调控制器
	3. 线束和插接器
内 / 外循环调节不正常	1. 循环控制电动机
	2. 空调控制器
	3. 线束插接器
空调系统所有功能失效	1. 高压配电
	2. 空调电动机驱动器
	3. 空调控制器电源电路
	4. 空调控制器
	5.CAN 传输系统
	6. 线束和插接器
仅制冷系统失效（鼓风机工作正常）	1. 压缩机
	2. 空调电动机驱动器
	3. 压力开关
鼓风机不工作	1. 鼓风机回路
	2. 空调控制器
后除霜失效	1. 后除霜回路
	2. 主控 ECU
	3. 线束和插接器
仅暖风系统失效	1.PTC 制热模块
	2. 空调电动机驱动器

三、任务实施

1. 实施要求

本操作任务主要完成纯电动汽车电动空调压缩机的更换。

1）认识空调压缩机。

2）拆卸空调压缩机。

3）安装空调压缩机。

2. 实施准备

1）防护装备：绝缘防护装备。

2）车辆、台架、总成：北汽 EV160，或比亚迪 E6；北汽新能源或其他纯电动汽车。

3）专用工具、设备：歧管压力表、电子检漏仪、真空泵、制冷剂回收机。

4）手工工具：绝缘组合工具拆装工具、手电筒。

5）辅助材料：干净的抹布、压缩机油、制冷剂。

3. 实施步骤

根据实训室的车辆配置，对纯电动汽车空调系统进行检修。掌握本次实训课所使用仪器及设备的使用方法，并强调实训中的安全注意事项。

> ! **警告：**
>
> 1）禁止未参加该车型系统知识培训的维修人员拆装，拆装更换部件时，请注意型号及加热功率，以免发生危险。在拆装过程中，请小心防护 PTC 加热器，避免损伤部件，造成不必要的损失。
>
> 2）在进行高压相关操作前，维修人员必须穿戴好劳保用品，戴好绝缘手套，穿好高压绝缘鞋，在戴绝缘手套前，必须检查绝缘手套是否有破损的地方，确保手套无绝缘失效。

（1）认识空调压缩机

扫一扫

认识空调压缩机

1）北汽 EV160 空调压缩机内部采用高压电动机控制，高压电动机内部则是无刷电动机，如图 1-3-23 所示。

2）高压电动机作为压缩机的驱动源。

3）高压电动机压缩机则通过空调压缩机线束与 PDU 供给其高压电，如图 1-3-24 所示。

图 1-3-23　电动空调压缩机

图 1-3-24　经 PDU 供给空调压缩机高压电

4）PDU 则通过磷酸铁锂电池供给电源。

5）磷酸铁锂电池则通过外部高压电进行充电，如图 1-3-25 所示。

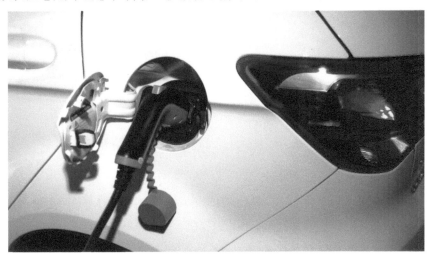

图 1-3-25　给磷酸铁锂电池充电

6）当驾驶人打开空调压缩机开关，车载电脑系统通过各传感器进行判断，使空调压缩机工作，如图 1-3-26 所示。

图 1-3-26　打开空调

（2）拆卸空调压缩机

1）选用 10mm 扳手拧松蓄电池负极线固定螺栓，取下负极线，并对负极端子做好防护。

➜ **注意事项**：*拆卸蓄电池负极前，必须确保点火开关处于关闭状态，并将车钥匙放在口袋。*

2）拧开空调高、低压接头保护帽。

3）将雪种表高、低压管路连接至空调管，如图 1-3-27 所示。

4）打开雪种表低压开关以及高压开关，如图 1-3-28 所示。

扫一扫

拆卸空调压缩机

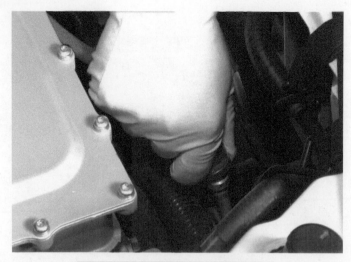

图 1-3-27　连接雪种表高、低压管路

图 1-3-28　打开雪种表高、低压开关

5）待空调雪种回收完毕，关闭雪种表手动阀。

6）拆卸雪种表高、低压管路，收起雪种表。

7）将车辆举升至一定高度，如图 1-3-29 所示。

图 1-3-29　将车辆举升至一定高度

8）使用绝缘一字螺钉旋具拆卸空调压缩机低压电控制开关插接器，如图1-3-30所示。

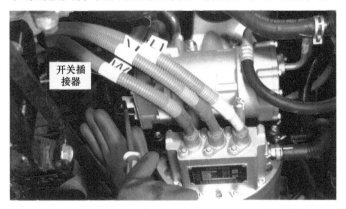

图1-3-30　拆卸空调压缩机低压电控制开关插接器

➡ **注意事项**：*在使用一字螺钉旋具时，螺钉旋具刀头需要包裹电工胶布进行作业。*

9）拆卸空调压缩机高压电控制开关插头，并包裹上适当的电工胶布，如图1-3-31所示。

图1-3-31　插头包上电工胶布

➡ **注意事项**：
　①拆卸前，必须拆卸蓄电池负极，并等待15min。
　②拆卸高压零部件前，必须做好防护措施。
　③拆卸高压零件时，必须使用绝缘工具。

10）使用绝缘工具8mm开口扳手拆卸空调低压管固定螺栓，并取出空调低压管，如图1-3-32所示。

11）安装空调压缩机低压保护防尘帽。

12）使用快速扳手配合8mm套筒拆卸空调高压管固定螺栓，并取出空调高压管，如图1-3-33所示。

13）安装空调压缩机高压保护防尘帽。

图 1-3-32　拆卸空调低压管固定螺栓

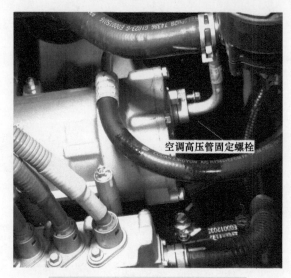

图 1-3-33　拆卸空调高压管固定螺栓

14）选用棘轮扳手、接杆和 10mm 套筒拆卸空调压缩机三颗固定螺栓，如图 1-3-34 所示。

图 1-3-34　拆卸空调压缩机固定螺栓

15）取下空调压缩机总成，并在干净、干燥环境下存放，如图 1-3-35 所示。

图 1-3-35 取下空调压缩机总成

（3）北汽 EV160 压缩机的安装

1）安装空调压缩机至合适位置。

2）一只手握住空调压缩机，另一只手安装三颗空调压缩机固定螺栓，如图 1-3-36 所示。

图 1-3-36 安装空调压缩机固定螺栓

扫一扫

安装空调压缩机

3）使用快速扳手加接杆配合 10mm 套筒安装三颗空调压缩机固定螺栓。

标准力矩：20N·m。

4）拆卸空调压缩机高压保护防尘帽。

5）安装空调压缩机高压管，如图 1-3-37 所示。

图 1-3-37 安装空调压缩机高压管

6）安装空调压缩机高压管固定螺栓，并预紧到位。

7）使用快速扳手加接杆配合 8mm 套筒安装空调压缩机高压管固定螺栓。

标准力矩：10N·m。

8）拆卸空调压缩机低压管保护防尘帽，如图 1-3-38 所示。

图 1-3-38　拆卸空调压缩机低压管保护防尘帽

9）安装空调压缩机低压管。

10）使用快速扳手加接杆配合 8mm 套筒安装空调压缩机低压管固定螺栓。

标准力矩：10N·m。

11）安装空调压缩机低压电控制开关插头，并安装到位，如图 1-3-39 所示。

12）安装空调压缩机高压电控制开关插头，并安装到位。

→ 注意事项：在维修新能源汽车中，所有黄色高压线都有高压互锁装置，须互锁到位。

13）清除防护胶带，安装蓄电池负极端子，并使用 10mm 扳手紧固负极线固定螺栓，如图 1-3-40 所示。

标准力矩：10N·m

图 1-3-39　安装空调压缩机低压电控制开关插头

图 1-3-40　安装辅助蓄电池负极端子

四、任务考核

目标		考核题目	得分
知识目标	1	1）（判断）新能源汽车空调系统与传统汽车空调系统制冷原理大致相同，主要区别是压缩机的驱动方式，纯电动汽车的空调采用电动方式来驱动压缩机，这有别于传统汽车通过内燃机曲轴传动带驱动形式。（　　）	
		2）（判断）比亚迪电动空调系统的组成与传统车型相似：主要由空调系统总成HVAC（空调箱体）、空调管路、电动压缩机、冷凝器、空调控制面板及相关传感器、空调驱动器等组成。（　　）	
		3）（判断）新能源汽车制冷剂的工作特性与传统车辆相同：高压液态吸热，低压气态散热。（　　）	
		4）（单选）下面对于新能源汽车冷却系统叙述错误的是（　　）。 A.压缩机与蒸发器之间的管路为低压侧，压缩机与冷凝器之间的管路为高压侧 B.压缩机与冷凝器之间的温度最高 C.冷却系统有三个热交换器 D.干燥器的作用是过滤水分、杂质	
	2	1）（判断）压缩机是汽车空调制冷装置的心脏，其作用是将低压低温的气态制冷剂压缩成高压高温的气态制冷剂，并推动制冷剂在系统中循环流动。（　　）	
		2）（单选）比亚迪E6汽车加注制冷剂的量为（　　）g。 A.500　　B.550　　C.600　　D.650	
		3）（单选）下面说法错误的是（　　）。 A.比亚迪E6的压缩机工作电压是320V B.比亚迪E6使用制冷剂的型号是R134a C.比亚迪E6空调低压压力的正常值范围是0.10~0.35MPa D.比亚迪E6空调高压压力的正常值范围是1.37~1.57MPa	
		4）（单选）下面说法不正确的是（　　）。 A.冷凝器的作用是对压缩机排出的高温高压制冷剂蒸气进行冷却，使之凝结成高温高压液体。制冷剂蒸气放出的热量排到大气中 B.储液干燥器的作用是存储制冷剂、过滤杂质和吸收水分 C.蒸发器是汽车空调制冷系统中的另一个热交换器 D.比亚迪E6空调高压压力的正常值范围是1.27~1.67MPa	
技能目标	1	1）（判断）使用绝缘手套前，不用检查是否破损。（　　）	
		2）（选择）拆下蓄电池负极端子后，必须等待（　　）min后方可进行下一步操作。 A.5　　B.10　　C.15　　D.20	
		3）（单选）比亚迪E6压缩机有（　　）颗故障螺栓。 A.2　　B.3　　C.4　　D.5	

总分：　　　　　　分

教师评语：

项目二　新能源汽车制动系统

项目描述

新能源汽车制动系统与传统汽车类似。本项目主要学习新能源汽车制动系统的结构组成及检修，分为以下两个任务。

任务一：新能源汽车制动系统认知。

任务二：新能源汽车制动系统检修。

通过以上两个任务的学习，你将掌握新能源汽车制动系统的结构组成及检修方法，能够区分新能源汽车制动系统与传统汽车的区别，以及能对新能源汽车制动系统进行检修。

任务一　新能源汽车制动系统认知

学习目标

◎ 知识目标

1. 能够描述纯电动汽车制动系统和传统汽车制动系统的区别。

2. 能够描述混合动力汽车制动系统和传统汽车制动系统的区别。

◎ 技能目标

能够进行电动真空助力制动系统的拆装。

一、任务导入

一辆新能源汽车制动系统发生制动踏板沉重故障，你的主管认为是真空助力系统泄漏，要求你更换，你能完成这个任务吗？

二、获取信息

新能源汽车制动系统与传统汽车制动系统的区别不大，主要区别是新能源汽车在传统汽车液压制动系统基础上增加了电动真空助力系统，以及采用制动能量回收模式。

以下介绍纯电动汽车与混合动力汽车制动系统，着重介绍与传统汽车制动系统不同的结构。

引导问题 1 **纯电动汽车制动系统和传统汽车有什么区别？**

纯电动汽车采用的液压制动系统与传统汽车基本结构区别不大，但是在液压制动系统的真空辅助助力系统和制动主缸两个部件上存在较大差异。

绝大多数汽车采用真空助力伺服制动系统，人力和助力并用。真空助力器利用前、后腔的压差提供助力。传统内燃机汽车真空助力装置的真空源来自于发动机进气歧管，真空度负压一般可达 0.05~0.07MPa。对于纯电动汽车，由于没有发动机总成，即没有了传统的真空源，仅由人力所产生的制动力无法满足行车制动的需要，通常需要单独设计一个电动真空泵来为真空助力器提供真空源。这个助力系统就是电动真空助力系统（Electric Vacuum Pump，EVP）。

如图 2-1-1 所示，电动真空助力系统由真空泵、真空罐、真空泵控制器（后期车型集成到整车控制器里）以及与传统汽车相同的真空助力器、12V 电源组成。

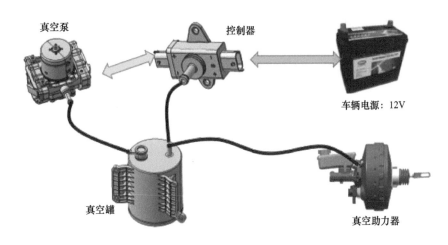

图 2-1-1　电动真空助力系统组成

电动真空助力系统的工作过程是：当用户起动汽车时，车辆电源接通，控制器开始进行系统自检，如果真空罐内的真空度小于设定值，真空罐内的真空压力传感器输出相应电压信号至控制器，此时控制器控制电动真空泵开始工作，当真空度达到设定值后，真空压力传感器输出相应的电压信号至控制器，此时控制器控制真空泵停止工作。当真空罐内的真空度因制动消耗，真空度小于设定值时，电动真空泵再次开始工作。如此循环。

1. 电动真空助力系统的主要组成元件

以下介绍电动真空助力系统的主要组成元件。

（1）真空泵

真空泵是指利用机械、物理、化学或物理化学的方法对被抽容器进行抽气而获得真空的器件或设备。通俗来讲，真空泵是用各种方法在某一封闭空间中改善、产生和维持真空的装置。汽车上通常采用图 2-1-2 所示的电动真空泵。

图 2-1-2　北汽 EV 系列车型真空泵

（2）真空罐

真空罐用于储存真空，并通过真空压力传感器感知真空度并把信号发送给真空泵控制器，如图 2-1-3 所示。

（3）真空泵控制器

真空泵控制器是电动真空系统的核心部件。真空泵控制器根据真空罐真空压力传感器发送的信号控制真空泵工作，如图 2-1-4 所示。

图 2-1-3　真空罐

注：电线插头位置为真空压力传感器。

图 2-1-4　真空泵控制器

2. 电动真空助力系统的工作原理

以下介绍真空泵控制器对电动真空系统的控制原理。

（1）电动真空助力系统性能参数

电动真空助力系统性能参数见表 2-1-1。

表 2-1-1　电动真空助力系统性能参数

项目	参数
电动真空泵	214.5mm×95mm×114mm
真空罐直径	Φ120（226mm）
工作电流	≤15A
最大工作电流	≤25A
额定电压	12V（直流电）
最大真空度	>85kPa
测试容积	2L
抽至真空度 55kPa，压力形成时间	≤4s
抽至真空度 70kPa，压力形成时间	≤7s
真空度从 40kPa 抽至 85kPa，压力形成时间	≤4s
延时模块接通闭合的真空度	55kPa
延时时间	15s
使用寿命	30 万次
工作环境温度范围	−20～100℃
起动温度	−30℃
噪声	75dB
真空罐密封性	15s 在（66.7±5）kPa 真空度下，真空压力降 ΔP 不大于 3MPa

（2）真空泵起动原理

当用户起动车辆时 12V 电源接通，电子控制系统模块开始自检，如果真空罐内的真空度小于设定值，真空压力开关处于常开状态，此时电动真空泵开始工作；当真空度大于设定值时，真空压力开关或传感器处于常闭状态，电子延时模块立即进入延时工作模式，15s 左右延时时间停止，此时真空罐内的真空度达到设定值，电动机停止工作，当真空罐内的真空度因制动消耗，真空度小于设定值时，真空压力开关或传感器再次处于常开状态，电动真空泵再次开始工作。如此循环。

电子控制模块接通 12V 直流电源，真空泵电动机开始工作，当真空度达到 –55kPa 时真空压力开关闭合，输出高电平信号给控制器，控制器在接收到信号后延时 10s，电动机停止工作。

引导问题 2 　　混合动力汽车制动系统和传统汽车制动系统有什么区别？

以下以典型的丰田普锐斯混合动力汽车的 THS-Ⅱ（第二代再生制动）制动系统为例，介绍混合动力汽车的制动系统。

丰田普锐斯混合动力汽车的 THS-Ⅱ制动系统属于电子控制制动（Electronically Controlled Brake, ECB）系统。THS-Ⅱ制动系统可根据用户踩制动踏板的程度和所施加的力计算所需的制动力。然后，此系统施加需要的制动力（包括再生制动力和液压制动系统产生的制动力）并有效地吸收能量。

THS-Ⅱ制动系统的组成包括制动信号输入、电源和液压控制部分，取消了传统的真空助力器。正常制动时，总泵产生的液压力转换成液压信号，不直接作用在轮缸上，通过调整作用于轮缸的制动执行器上液压源的液压获得实际控制压力。THS-Ⅱ制动系统组成如图 2-1-5 所示。

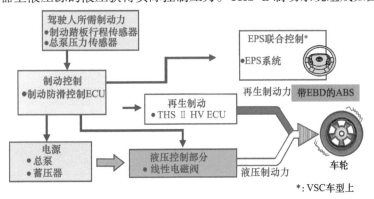

图 2-1-5　THS-Ⅱ制动系统组成

ECB 的 ECU 和制动防滑控制 ECU 集成在一起，并和液压制动系统一起对制动进行综合控制，液压制动系统包括带电子控制制动力分配（Electronic Brake Distribution，EBD）的防抱死制动系统（Anti-lock Brake System，ABS）、制动助力和 VSC+。

VSC+ 系统除了有正常的车身稳定控制（Vehicle Stability Control，VSC）功能外，还能根据车辆行驶情况和电子助力转向（Electric Power Steering，EPS）配合，提供转向助力来帮助用户转向。

THS-Ⅱ系统采用电动机牵引控制系统。该系统不但具有旧车型上的 THS 系统拥有的保护行星齿轮和电动机的控制功能，而且还能对滑动的车轮施加液压制动控制，把驱动轮的滑动减小到最低程度，并产生适合路面状况的驱动力。THS-Ⅱ系统制动系统的功能见表 2-1-2。

表 2-1-2 THS-Ⅱ 系统制动系统的功能

制动控制系统	功能	概述
ECB 系统	VSC+	VSC+ 系统可以在转向时，防止前轮或后轮急速滑动产生的车辆侧滑和 EPS ECU 一起联合控制，以根据车辆的行驶条件提供转向助力
	ABS	制动过猛或在易滑路面制动时，ABS 能防止车轮抱死，保证车辆及人员安全
	EBD	EBD 控制利用 ABS，根据行驶条件在前轮和后轮之间分配制动力 另外，转向制动时，它还能控制左、右车轮的制动力，以保持车辆平衡行驶
	再生制动联合控制	通过尽量使用 THS-Ⅱ 系统的再生制动能力，控制液压制动来补充电能
	制动助力	制动助力有两个功能：紧急制动时，如果制动踏板力不足，可以增大制动力；需要强大制动力时，增大制动力

1. 混合动力汽车电子制动控制系统的主要组成元件

ECB 系统的主要部件有：制动踏板行程传感器、制动灯开关、行程模拟器、制动防滑控制 ECU、制动执行器、制动总泵、备用电源装置。丰田普锐斯混合动力汽车的主要制动组件位置如图 2-1-6 所示。

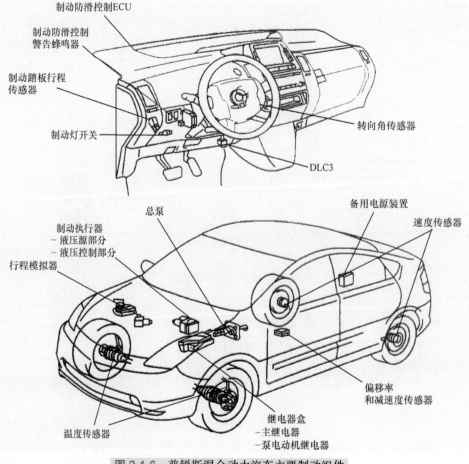

图 2-1-6 普锐斯混合动力汽车主要制动组件

ECB指示灯
（黄色）

制动灯(红色)

图 2-1-6 普锐斯混合动力汽车主要制动组件（续）

（1）制动踏板行程传感器和制动灯开关

制动踏板行程传感器和制动灯开关如图 2-1-7 所示。

制动踏板行程传感器直接检测用户踩下的制动踏板的程度。此传感器包括触点式可变电阻器，它用于检测制动踏板行程踩下的程度并发送信号到制动防滑控制 ECU，信号采用反向冗余设计。

制动灯开关的作用与传统汽车相同，作为控制制动灯及制动踏板动作信号。

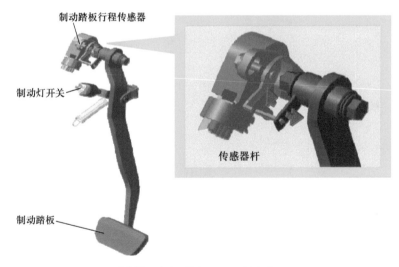

图 2-1-7 制动踏板行程传感器

（2）行程模拟器

行程模拟器如图 2-1-8 所示，制动时根据踏板力度产生踏板行程。行程模拟器位于总泵和制动执行器之间，它根据制动中用户踏制动踏板的力产生踏板行程。行程模拟器包括弹簧系数不同的两种螺旋弹簧，具有对应于总泵压力的两个阶段的踏板行程特征。

（3）制动防滑控制 ECU

汽车制动防滑控制系统就是对防抱死制动系统和驱动防滑系统的统称。制动防滑控制 ECU 处理各种传感器信号和再生制动信号，以便控制再生制动联合控制、带 EBD 的 ABS、VSC+ 制动助力和正常制动；根据各传感器信号来判断车辆行驶状况，并控制制动执行器。

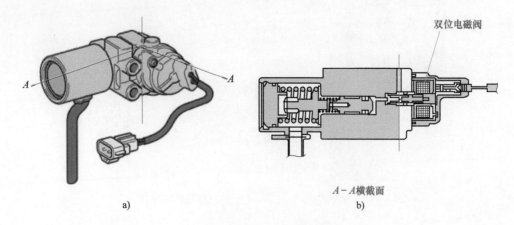

A-A横截面

a)   b)

图 2-1-8　行程模拟器

（4）制动执行器

制动执行器如图 2-1-9 所示，包含以下部分。

1）液压源部分。

由泵、泵电动机、蓄能器、减压阀和蓄能器组成，液压源部分产生并存储压力，制动防滑控制 ECU 用于控制制动的液压。蓄能器压力传感器安装在制动执行器中。

2）液压控制部分。

包括两个总泵切断电磁阀、4 个供压式电磁阀和 4 个减压电磁阀：

两个双位型总泵切断电磁阀由制动防滑控制 ECU 控制，用来打开或关闭总泵和轮缸间的通

图 2-1-9　制动执行器

道；4 个线性供压电磁阀和 4 个线性减压电磁阀由制动防滑控制 ECU 控制，以增减轮缸中的液压。

3）总泵压力传感器和轮缸压力传感器都安装在制动执行器中。

（5）制动总泵

传统汽车制动总泵上的真空助力器被取消，采用了电动机液压助力。制动总泵仍采用双腔串联形式，一旦电动机液压助力失效，制动总泵的前腔和后腔将分别对汽车的左前轮和右前轮进行制动，所以这个总泵也称为前轮制动总泵。

（6）备用电源装置

备用电源装置如图 2-1-10 所示，用作备用电源以保证给制动系统稳定供电。该装置包括 28 个电容器电池，用于储存车辆电源（12V）提供的电量。当车辆电源电压（12V）下降时，电容器电池中的电就会作为辅助电源向制动系统供电。关闭电源开关后，混合动力系统停止工作时，存储在电容器电池中的电量放电。维修中电源开关关闭后，备用电源装置就处于放电状态，但电容器中仍有一定的电压。在从车辆上拆下备用电源装置或将其打开检查它的盒内部之前，一

定要检查它的剩余电压，如必要，应使其放电。

辅助电池

备用电源装置

图 2-1-10　备用电源装置

2. 混动汽车制动系统的工作原理

电源开关（电源信号）打开后，蓄电池向控制器供电，控制器开始工作，此时电子制动信号灯显示系统正常工作。用户进行制动操作时，首先由电子踏板行程传感器探知用户的制动意图（踏板速度和行程），然后把这一信息传给 ECU。ECU 汇集轮速传感器、踏板位置传感器等各路信号，根据车辆行驶状态计算出每个车轮的最大制动力。再发出指令给执行器（电动机）执行各车轮的制动。电动机械制动器能快速而精确地提供车轮所需制动力，从而保证最佳的整车减速度和车辆制动效果。

3. 再生制动联合控制

如图 2-1-11 所示，在制动时，电动机 MG2 起到发电作用，和电动机（MG2）转动方向相反的转动轴产生的阻力是再生制动力的来源。发电量（蓄电池充电量）越多，阻力也越大。

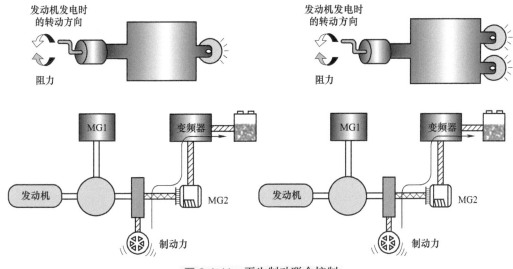

图 2-1-11　再生制动联合控制

驱动桥和 MG2 通过机械方式连接在一起，驱动轮带动 MG2 转动而发电，MG2 产生的再生制动力就会传到驱动轮，这个力由控制发电的 THS-Ⅱ 系统进行控制。

再生制动联合控制和传统制动方式最大的区别是，再生制动联合控制并不单靠液压系统产生用户所需的制动力，而是同 THS-Ⅱ 系统一起联合控制提供再生制动的合制动力。这样控制能够最大限度地减少正常液压制动的动能损失，并把这些动能转化为电能。

由于采用了 THS-Ⅱ 系统使 MG2 的输出功率得到了增加，THS-Ⅱ 增大了再生制动力。另外，由于采用 ECB 系统，制动力得到了改善，从而有效地增加了再生制动的使用范围。这些提高了系统恢复电能的能力，从而提高了燃油经济性，如图 2-1-12 所示。

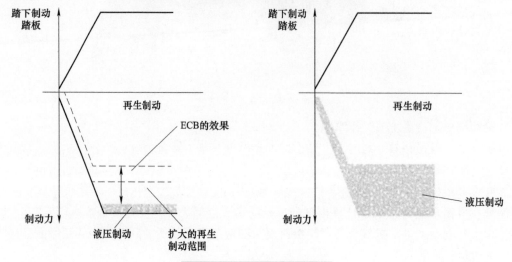

图 2-1-12　改善的再生制动

三、任务实施

1. 实施要求

本操作任务主要完成纯电动汽车电动真空助力系统的更换。

1）认识真空泵及真空罐。

2）拆卸真空泵及真空罐。

3）安装真空泵及真空罐。

2. 实施准备

1）防护装备。

2）车辆、台架、总成：北汽 EV 系列，丰田普锐斯混合动力汽车。

3）专用工具、设备。

4）手工工具：组合工具。

5）辅助材料。

3. 实施步骤

根据实训室的车辆配置，教师带领学生对纯电动汽车和混合动力汽车的制动系统进行介绍，查找制动系统新增元件的位置，并讲解控制原理。

实训教师根据实训条件组织学生对电动真空助力系统进行拆装实训，熟悉电动真空助力系统的拆装及工作流程。

！警告：严禁未参加该车型系统知识培训的维修人员拆卸或安装该车辆元件，避免发生高压触电危险！

（1）认识真空泵及真空罐

1）真空泵及真空罐总成安装在机舱左侧齿轮箱上，如图 2-1-13 所示。

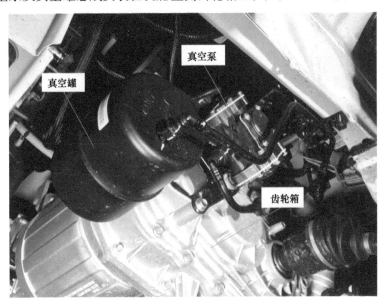

图 2-1-13　真空泵与真空罐

2）真空泵的作用就是产生负压，从而增加制动力，如图 2-1-14 所示。

图 2-1-14　真空泵

3）汽车真空泵是制动系统的助力装置。真空泵，顾名思义就是产生真空用的。一般的小轿车都是液压助力制动，而通常大型货车或大客车都是气动助力制动。

4）汽车真空泵一般都是油泵，通过不断地吸油、抽油，使真空泵泵壳内产生负压，也就是真空。

5）北汽 EV160 采用的是电子真空泵，用电动机来控制真空泵的工作。

6）真空罐主要是用来储存真空的，如图 2-1-15 所示。

图 2-1-15　真空罐

7）真空泵及真空罐通过两根真空管连接制动助力器。

（2）拆卸真空泵及真空罐

1）选用 10mm 扳手拧松蓄电池负极线固定螺栓，取下负极线，并对负极端子做好防护，如图 2-1-16 所示。

图 2-1-16　拆卸辅助蓄电池负极端子

扫一扫

拆卸制动真空泵
与真空罐

→ **注意事项**：拆卸蓄电池负极前，必须确保点火开关处于关闭状态，并将车钥匙放在口袋。

2）拔出真空泵电动机插接器，如图 2-1-17 所示。

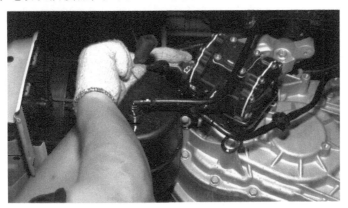

图 2-1-17 拔出真空泵电动机插接器

3）拔出真空罐真空管快速接头，如图 2-1-18 所示。

图 2-1-18 拔出真空罐真空管快速接头

4）拔出真空泵真空管快速接头，如图 2-1-19 所示。

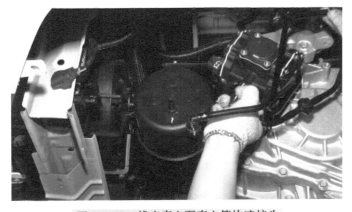

图 2-1-19 拔出真空泵真空管快速接头

5）使用一字螺钉旋具脱开线束固定卡扣。

6）脱开真空管管路固定卡扣，如图 2-1-20 所示。

图 2-1-20　脱开真空管管路固定卡扣

7）选用棘轮扳手、接杆和 13mm 套筒对角拆卸真空泵及真空罐总成三颗固定螺栓，如图 2-1-21 所示。

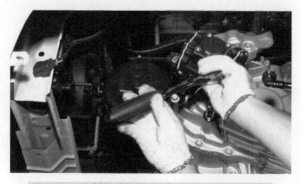

图 2-1-21　拆卸真空泵及真空罐总成固定螺栓

➡ **注意事项**：在拆卸真空泵及真空罐总成时，应防止真空泵及真空罐总成自由坠落发生意外，应用手扶住真空泵及真空罐总成，再拆卸真空泵及真空罐总成固定螺栓。

8）取下真空泵及真空罐总成，并将真空泵及真空罐总成在干净、干燥环境下存放。

（3）安装真空泵及真空罐。

1）安装真空泵及真空罐总成到合适位置，如图 2-1-22 所示。

扫一扫

安装制动真空泵与
真空罐

图 2-1-22　安装真空泵及真空罐总成

2）选用棘轮扳手、接杆和 13mm 套筒安装真空泵及真空罐总成三颗固定螺栓，如图 2-1-23 所示。

标准力矩：21N·m。

图 2-1-23　安装真空泵及真空罐总成固定螺栓

3）安装真空罐真空管管路固定卡扣，并检查真空管是否已经牢固可靠，如图 2-1-24 所示。

图 2-1-24　安装真空罐真空管管路固定卡扣

4）连接真空管快速接头 1，并检查是否牢固可靠，如图 2-1-25 所示。

图 2-1-25　连接真空管快速接头 1

5）连接真空管快速接头 2，并检查是否牢固可靠，如图 2-1-26 所示。

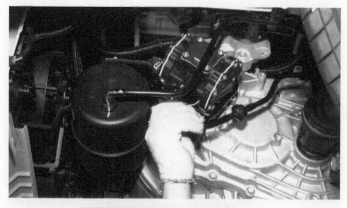

图 2-1-26　连接真空管快速接头 2

6）安装真空泵电动机插接器，如图 2-1-27 所示。

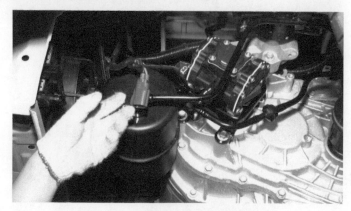

图 2-1-27　安装真空泵电动机插接器

7）复位线束，固定卡扣。

8）检查真空泵电动机插头是否牢固可靠。

9）清除防护胶带，安装蓄电池负极端子，并使用 10mm 扳手安装负极线固定螺栓，如图 2-1-28 所示。

标准力矩：10N·m。

图 2-1-28　安装辅助蓄电池的负极端子

四、任务考核

目标		考核题目	得分
知识 目标	1	1)（判断）电动真空助力系统主要由制动踏板、真空泵、真空罐组成。（　）	
		2)（判断）新能源汽车制动系统与传统汽车制动系统的区别不大，主要区别是新能源汽车在传统汽车液压制动系统基础上增加了电动真空助力系统，以及采用制动能量回收模式。（　）	
		3)（判断）纯电动汽车的电动真空助力系统由真空泵、真空罐、真空泵控制器（后期集成到整车控制器里）以及与传统汽车相同的真空助力器、12V电源组成。（　）	
	2	1)（判断）丰田普锐斯混合动力汽车THS-Ⅱ制动系统的组成包括制动信号输入、电源和液压控制部分，取消了传统的真空助力器。正常制动时，总泵产生的液压力转换成液压信号，不直接作用在轮缸上，通过调整作用于轮缸的制动执行器上液压源的液压获得实际控制压力。（　）	
		2)（判断）ECB（电子控制制动）系统的主要部件有：制动踏板行程传感器、制动灯开关、行程模拟器、制动防滑控制ECU、制动执行器、制动总泵、备用电源装置。（　）	
		3)（判断）制动踏板行程传感器间接检测用户踩下的制动踏板的程度。（　）	
技能 目标	1	1)（单选）蓄电池的负极端子的转矩是（　）N·m。 A.5　　B.8　　C.10　　D.12	
		2)（判断）汽车真空泵是制动系统的助力装置。真空泵，顾名思义就是产生真空用的。一般的小轿车都是液压助力制动，而通常大型货车或大客车都是气动助力制动。（　）	
总分：		分	
教师评语：			

任务二　新能源汽车制动系统检修

学习目标

◎ 知识目标

　　1. 能够描述纯电动汽车电动真空助力系统的检修方法。

　　2. 能够描述混合动力汽车制动系统的检修方法。

◎ 技能目标

　　能够进行电动真空助力制动系统的检修。

一、任务导入

一辆新能源汽车制动系统发生故障，你的主管让你进行检修，你能完成这个任务吗？

二、获取信息

 **纯电动汽车电动真空助力系统如何检修？**

电动真空助力系统是新能源汽车，特别是纯电动汽车制动系统的重要组成部分，以下介绍电动真空助力系统的检修方法，其他与传统汽车相同的部件检修参照传统汽车的检修方法。

1. 电动真空助力系统电路分析

电动真空助力系统某个真空管路发生空气泄漏，真空罐压力传感器检测到真空度不足，就会发送信号给控制器，控制真空泵工作。如果真空度一直不足，理论上真空泵会一直工作，但是设计时在持续工作 15s 之后会自动停止，防止真空泵过热。此时如果踩下制动踏板，整车控制器（Vehicle Control Unit，VCU）检测到真空罐压力不足 55kPa，就会给真空泵报警继电器和组合仪表发出信号触发仪表报警，如图 2-2-1 所示。若 8s 后真空仍未恢复到 55kPa 以上，会给驱动电动机控制器（Motor Control Unit，MCU）发送信号，让车辆限速到 9km/h。

图 2-2-1　仪表制动故障报警

电动真空助力系统电路如图 2-2-2 所示。12V 直流常电接通后，真空泵控制器发送信号让真空泵开始工作，真空罐压力达到 55kPa 以上时，真空罐压力传感器闭合，发出高电平信号到真空泵控制器和 VCU，真空泵控制器的时间模块延时 10s，真空泵停止工作。等真空度下降到 –55kPa 以下，真空罐压力传感器断开，发出低电平信号给真空泵控制器和 VCU，真空泵控制器收到信号后控制真空泵再次开始工作。如此循环。

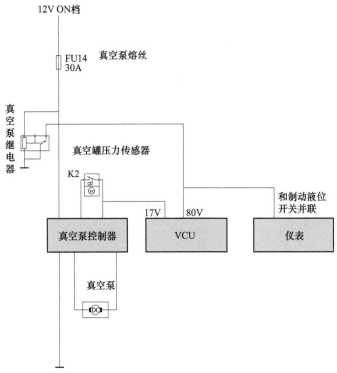

图 2-2-2　电动真空助力系统电路

2. 电动真空助力系统接线方式和针脚定义

（1）真空泵控制器

图 2-2-3 所示是真空泵控制器插接器端子示意图，表 2-2-1 是真空泵控制器端子的定义。

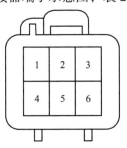

图 2-2-3　真空泵控制器端子示意图

表 2-2-1　真空泵控制器端子的定义

端子号	端子功能	线束走向
1	12V 正极输入	前机舱低压电器盒（30A 熔丝）
2	12V 正极输出	负极接地
3	触点 1	真空罐压力开关
4	触点 2	真空罐压力开关
5	12V 正极输入	电动真空泵输入正极
6	12V 负极输出	电动真空泵输入负极

（2）真空泵

图 2-2-4 所示是真空泵插接器端子示意图，表 2-2-2 是真空泵端子的定义。

扫一扫

真空泵不工作故障
排除

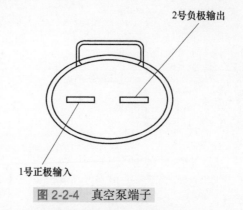

图 2-2-4　真空泵端子

表 2-2-2　真空泵端子的定义

端子号	端子功能	线束走向
1	12V 正极输入	真空泵控制器
2	12V 负极输出	真空泵控制器

（3）真空罐

图 2-2-5 所示是真空罐插接器端子示意图，表 2-2-3 是真空罐端子的定义。

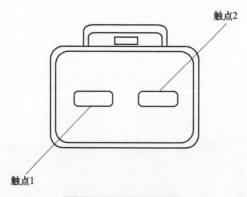

图 2-2-5　真空罐端子

表 2-2-3　真空罐端子的定义

端子号	端子功能	线束走向
1	触点 1	真空泵控制器
2	触点 2	真空泵控制器

3. 电动真空助力系统的检查与诊断

电动真空助力系统的检查与诊断步骤见表 2-2-4。

表 2-2-4　电动真空助力系统检查与诊断步骤

序号	检查步骤	检查结果及操作方法			
1	检查熔丝是否熔断	正常：进行下一步	熔丝熔断		更换熔丝
2	检查电动真空泵是否损坏	正常：进行下一步	电路有故障或电动真空泵损坏		检修电路或更换电动真空泵
3	检查真空罐是否漏气	正常：进行下一步	真空罐漏气		更换真空罐
4	正确检修操作后检查故障是否出现	正常：诊断结束	故障未消失		从其他症状查找故障源

> **引导问题 2** ▷ **混合动力汽车制动系统如何检修？**

以下以丰田普锐斯为例，介绍典型的混合动力汽车制动系统的检修方法。

1. 检修时注意事项

1）当端子触点或零件安装出现故障时，对被怀疑零件的拆除和重新安装可能使系统完全或暂时恢复到正常状态。

2）为了准确地判断故障部位，必须检查故障发生时的各种情况。例如故障码（Diagnostic Trouble Code，DTC）输出和历史数据，以及在断开每一个插接器或安装拆除零件之前都要记录。

3）因为该系统可受到除制动控制系统外所有系统的影响，所以一定要检查其他系统中的 DTC。

4）由于 VSC+ 或 ECB 部分零件拆装后无法进行正确调整，包括转向传感器、偏移率传感器或制动踏板行程传感器等，因此，除非必要，否则不要对 VSC+ 或 ECB 的零件进行拆装。

5）在按照维修手册中的指示完成 VSC+ 或 ECB 系统的修理工作后和进行确认前，一定要做好相应的准备工作。

6）除非在检查步骤中有专门规定，否则一定要在电源开关关闭的情况下拆装 ECU、执行器以及每个传感器。

7）确保在拆装或者更换 VSC+ 或 ECB 零件之前拆下两个主继电器。

8）执行器、制动总泵或行程模拟器的拆装以及其他步骤能够造成液面下降到储液罐端口以下。如果在进行后续作业时发生这种情况，一定要拆除两个电动机继电器，直到管路中的气体被完全排空。

→ **提示**：

• 当泵电动机利用制动执行器软管中的空气来运转时，由于执行器中存在空气，因此排空空气会变得困难。

• 即使电源关闭，制动防滑控制 ECU 也可以操作行程模拟器并驱动泵电动机。

• ECB 系统有自己的辅助电源，在从备用蓄电池（12V）上断开负极端子直到放电完成，这个系统都可以运行。

• 在电源开关关闭的情况下，制动操作完成之后制动防滑控制 ECU 仍能够工作 2min。

9）拆除主继电器和电动机继电器时，电源开关断开之后等待 2min，在拆下两个继电器之前，停止制动踏板操作并且关闭驾驶人侧车门。

➡ 提示：在制动控制系统关闭之前，泵电动机准备进行下一步操作。

10）在拆装 ECU、执行器和各传感器时，在安装所有零件后，一定要确认在进行测试模式检查和 DTC 输出检查时输出正常显示。

11）DTC 注意事项：修理故障零件后并不能清除某些 DTC 的警告，如果在修理之后仍显示警告，则应在电源开关关闭之后清除 DTC。

➡ 提示：清除故障码之后重新出现的故障零件的 DTC 会被再次保存。

12）安全保护功能。

① 当制动控制系统发生故障时，制动防滑控制 ECU 点亮相应故障系统的警告灯（ECB、ABS、VSC+ 和 BRAKE）并且禁止 ABS、VSC+ 和制动辅助系统操作。

② 根据故障情况，除了故障部件之外，正常部件能继续 ECB 的控制。

• 如果 4 轮中的任一个 ECB 控制被禁止，这个轮就会失去制动助力功能或制动能力。

如果一个车轮失去制动助力功能，踩下制动踏板时的感觉变得像行程模拟器（踏板反作用力生成电磁阀）不起作用一样。

• 如果所有轮的 ECB 控制被禁止，则两个前轮制动助力丧失功能。

13）鼓式测试仪注意事项。

① 确保 VSC 警告灯在闪（转到 TEST MODE 即测试模式）。

② 用锁链保证车辆的安全。

14）CAN 通信系统注意事项：

① CAN 通信系统用于制动防滑控制，ECU、转向传感器、偏移率传感器（包括减速传感器）和其他 ECU 之间的数据通信。如果 CAN 通信线路有故障，系统会输出通信线路相应的 DTC。

② 如果系统输出 CAN 通信线路的 DTC，应首先修理通信线路的故障，数据通信正常后，还要对 VSC+ 系统进行故障排除。

③ 由于 CAN 传输线路有规定的长度和路线，因此不能临时使用旁路接线来修理。

➡ 提示：断开蓄电池负极（－）端子后，当重新连接端子时，电动车窗控制系统将被初始化。

15）激活混合动力系统应注意：

① 警告灯亮起或蓄电池断开又重新连接，则初次按下电源开关可能无法启动该系统。如果是这样，则再次按下电源开关。

② 打开电源开关（IG），断开蓄电池。如果在重新连接时钥匙不在钥匙孔内，则可能输出 DTC B2799。

2. 制动控制系统测试模式步骤

（1）警告灯和指示灯检查

1）松开驻车制动踏板。

➡ **提示：**

* 松开驻车制动踏板，将"P"档开关接通，保持车辆安全。
* 驻车制动或制动液位低时，BRAKE 警告灯点亮。

2）打开电源开关（READY），检查 ABS 警告灯、VSC 警告灯、BRAKE 警告灯、制动控制警告灯和 SLIP 指示灯是否点亮大约 3s。警告灯和指示灯显示面板如图 2-2-6 所示。

图 2-2-6　警告灯和指示灯显示面板

➡ **提示：**

* 如果指示灯检查结果异常，应对 ABS 警告灯电路、VSC 警告灯电路、BRAKE 警告灯电路、制动控制警告灯电路或 SLIP 指示灯电路进行故障排除。
* 如果指示灯始终点亮，应对 ABS 警告灯电路、VSC 警告灯电路、BRAKE 警告灯电路、制动控制警告灯电路和 SLIP 指示灯电路进行故障排除。

（2）测试模式检查传感器信号

1）将车辆设定在 TEST MODE（测试模式）下，检查减速传感器、制动总泵压力传感器、速度传感器和偏移率传感器的运行状况。

2）检查仅在 TEST MODE（测试模式）下输出的 DTC 的结果。

3）进行以下步骤。

① 测试模式的步骤：

* 关闭电源开关。
* 将智能测试仪 Ⅱ 连接到 DLC3 上，如图 2-2-7 所示。
* 检查转向盘是否在正朝前位置，并将变速杆移到"P"档。
* 打开电源开关（READY）。
* 检查 ABS 警告灯和 VSC 警告灯是否指示 TEST MODE（测试模式），ABS 警告灯和 VSC 警告灯闪烁方式如图 2-2-8 所示。

智能测试仪Ⅱ

DLC3

图 2-2-7 智能测试仪Ⅱ与 DLC3 连接位置

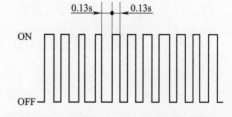

图 2-2-8 ABS 警告灯和 VSC 警告灯闪烁方式

➡ **提示**：如果 ABS 警告灯和 VSC 警告灯不闪烁，则检查 ABS 警告灯电路和 VSC 警告灯电路。

② 减速传感器检查：
- 在 TEST MODE（测试模式）下，检查 ABS 警告灯闪烁情况。
- 在水平面保持车辆静止至少 1s。

➡ **提示**：ABS 警告灯和 VSC 警告灯闪烁模式不会改变。当传感器正常且在测试模式下如果以上条件满足，则完成检查。

③ 偏移传感器检查：

变速杆换到"D"档，以大约 5km/h 的车速行驶，然后向左或向右以大于 90° 的角度并保持 180° 圆弧行驶，如图 2-2-9 所示。

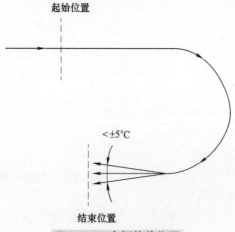

起始位置

<±5℃

结束位置

图 2-2-9 车辆偏移位置

➡ **提示**：
- 车辆起始方向和结束方向应该在 180°±5° 的范围内。
- 转弯时不要将档位换到"P"档，也不要关闭电源开关。
- 转弯方向不重要。
- 转弯时不可能出现车速变化、停车转弯过度，因此，应在 2s 内完成这些操作。停车并换到"P"档，检查制动防滑控制蜂鸣器应响 3s。

➡ **提示:**

- 如果制动防滑控制蜂鸣器响,则传感器检查正常完成。
- 如果制动防滑控制蜂鸣器不响,则再次检查防滑控制蜂鸣器电路,然后再次进行传感器检查。
- 如果制动防滑控制蜂鸣器仍没有声音,则 VSC+ 传感器故障,所以检查 DTC。
- 以 180° 圆弧行驶车辆。在转弯结束时,车辆的方向与起始的方向角度差应在 180±5° 范围内。
- 不要转动车轮。

④ 制动总泵压力传感器检查:

- 检查 ABS 警告灯在 TEST MODE(测试模式)下闪烁,警告灯闪烁方式如图 2-2-10 所示。

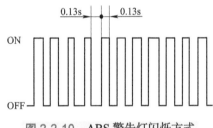

图 2-2-10　ABS 警告灯闪烁方式

- 保持车辆在静止状态下,松开制动踏板至少 1s,然后迅速踩下制动踏板,并保持至少 1s。
- 车辆停止时,松开制动踏板。
- 车辆停止时,迅速踩下制动踏板至少一次,检查 ABS 警告灯是否点亮 3s。

➡ **提示:**

- ABS 警告灯点亮时,保持制动踏板被踩下的状态。
- 测试模式下,进行以上操作时 ABS 警告灯每次点亮 3s。
- 如果制动总泵压力传感器检查没有完成,任意踩下制动踏板会造成负极压力进一步下降,那么传感器检查就很难完成。
- 如果负极压力不足,则制动总泵压力传感器检查不能完成,在这种情况下,让发动机怠速运转,从而达到负极压力要求。
- 当负极压力不足时,用力踩下制动踏板,由于安全保护功能,制动警告灯将会点亮。

⑤ 速度传感器检查:

- 检查 TEST MODE(测试模式)下 ABS 警告灯闪烁情况。
- 开始传感器信号检查,检查项目见表 2-2-5。

表 2-2-5　车辆随车速变化进行的检查项目

车速	测试	检查
0~45km/h	低速测试	传感器响应
45~80km/h	中速测试	传感器信号偏移

· 正向前行驶车辆。以至少 45 ～ 80 km/h 的车速行驶车辆数秒，检查 ABS 警告灯应熄火。

➜ **提示**：

· 在速度传感器检查前，应先完成偏移率传感器、减速传感器和制动总泵压力传感器检查。

· 如果传感器检查是由转向盘转动或车轮转动开始的，则不会完成速度传感器检查。

· 在警告灯熄灭后，以 80km/h 以上的车速行驶，将会导致测试模式故障码再次被记录。

· 如果传感器检查没有完成，则当车辆行驶时，ABS 警告灯闪烁且 ABS 不工作。

⑥ 结束传感器检查：

如果传感器检查完成，则车辆停止时 ABS 警告灯闪烁（测试模式），车辆行驶时警告灯熄灭。

➜ **提示**：

· 完成偏移率传感器、减速传感器、速度传感器和制动总泵压力传感器检查时，传感器检查结束。

· 如果传感器检查没有完成，则当车辆行驶时，ABS 警告灯闪烁且 ABS 不工作。

⑦ 读取 TEST MODE（测试模式）故障码：

在测试模式下使用智能测试仪 II 检查 DTC，见表 2-2-6。

表 2-2-6　TEST MODE（测试模式）的 DTC

DTC	诊断	可能发生故障的部位
C1271/71	右前速度传感器输出电压低	右前速度传感器 传感器安装 传感器转子
C1272/71	左前速度传感器输出电压低	左前速度传感器 传感器安装 传感器转子
C1273/73	右后速度传感器输出电压低	右后速度传感器 传感器安装 传感器转子
C1274/74	左后速度传感器输出电压低	左后速度传感器 传感器安装 传感器转子
C1275/75	右前速度传感器输出电压变化异常	右前传感器转子
C1276/76	左前速度传感器输出电压变化异常	左前速度传感器转子
C1277/77	右后速度传感器输出电压变化异常	右后速度传感器转子
C1278/78	左后速度传感器输出电压变化异常	左后速度传感器转子
C1279/79	减速传感器故障	偏移率传感器（减速传感器）
C1281/81	制动总泵压力传感器输出信号故障	制动总泵压力传感器
C0371/71	信号故障	偏移率传感器（减速传感器）

→ 提示：

- 如果仅显示 DTC，则修理故障部位并清除 DTC。检查 ABS 警告灯和 VSC 警告灯是否正常。
- 如果仅显示测试模式故障码，则再次进行测试模式检查。
- 如果 DTC 或测试模式故障码显示，则修理故障部位，清除 DTC 并进行测试模式检查。
- 如果 ABS 正常，则 ABS 警告灯以 0.25s 间歇闪烁。
- 仅在 TEST MODE（测试模式）下输出表 2-2-6 中的故障码。
- 进入测试模式时，制动防滑控制 ECU 一次记录所有的测试模式代码，并当判断为正常代码时将之清除。
- 在测试模式下，不管传感器检查是否正常，VSC+ 功能都不工作。
- 当模式回到正常模式时，所有的测试模式故障码都被清除。
- 如果传感器故障，则 ABS 警告灯和 VSC 警告灯点亮。

3. 制动控制系统故障现象

如果没有 DTC 输出但故障仍然存在，则依照表 2-2-7 所给的顺序依次检查各故障现象的电路。

表 2-2-7　制动控制系统故障现象

故障现象	可能发生的故障部位
ABS 不工作 BAS（制动辅助系统）不工作 EBD 不工作	1）再次检查 DTC 确保输出正常故障码 2）IG 电源电路和搭铁电路 3）速度传感器电路 4）使用智能测试仪 II 检查制动执行器（用 ACTIVE TEST 即动态测试功能检查制动执行器操作），如果异常，则检查液压回路是否泄漏 5）检查完故障可能发生部位的上述电路并证明正常后，如果故障现象仍然出现，则更换制动防滑控制 ECU
ABS 不能有效工作 BAS 不能有效工作 EBD 不能有效工作	1）再次检查 DTC 确保输出正常故障码 2）速度传感器电路 3）制动控制警告灯开关电路 4）使用智能测试仪 II 检查制动执行器，如果异常，检查液压回路是否泄漏 5）检查完故障可能发生部位的上述电路并证明正常后，如果故障现象仍然出现，则更换制动防滑控制 ECU
ABS 警告灯异常	1）ABS 警告灯电路 2）制动防滑控制 ECU
不能进行 ABS 的 DTC 检查	1）再次检查 DTC 确保输出正常故障码 2）TC 端子电路 3）检查完故障可能发生部位的上述电路并证明正常后，如果故障现象仍然出现，则更换制动防滑控制 ECU
不能进行传感器信号检查	1）TC 端子电路 2）制动防滑控制 ECU
VSC 不工作	1）再次检查 DTC 确保输出正常故障码 2）IG 电源电路和搭铁电路 3）检查液压回路是否泄漏 4）速度传感器电路 5）偏移率（减速）传感器电路 6）转向传感器电路 7）检查完故障可能发生部位的上述电路并证明正常后，如果故障现象仍然出现，则更换制动防滑控制 ECU

（续）

故障现象	可能发生的故障部位
SLIP 指示灯异常	1）SLIP 指示灯电路 2）制动防滑控制 ECU
不能进行 VSC 的 DTC 检查	1）再次检查 DTC 确保输出正常故障码 2）TC 端子电路 3）检查完故障可能发生部位的上述电路并证明正常后，如果故障现象仍然出现，则更换制动防滑控制 ECU
VSC 警告灯异常	1）再次检查 DTC 确保输出正常故障码 2）VSC 警告电路 3）检查完故障可能发生部位的上述电路并证明正常后，如果故障现象仍然出现，则更换制动防滑控制 ECU
制动控制警告灯异常	1）再次检查 DTC 确保输出正常故障码 2）制动控制警告电路灯 3）检查完故障可能发生部位的上述电路并证明正常后，如果故障现象仍然出现，则更换制动防滑控制 ECU

三、任务实施

1. 实施要求

本操作任务主要完成新能源汽车制动系统的测试、调整及检修。

1）纯电动汽车电动真空助力系统测试。

2）混合动力汽车制动管路放气。

2. 实施准备

1）防护装备。

2）车辆、台架、总成：北汽新能源汽车、丰田普锐斯混合动力汽车。

3）专用工具、设备：汽车举升机、故障诊断仪、真空表、普锐斯专用工具 SST 09023 - 00100。

4）手工工具：组合工具。

5）辅助材料。

3. 实施步骤

（1）北汽 EV160 真空助力制动系统测试

1）拔下真空泵气管。

2）连接真空压力表。

3）起动车辆进行真空泵真空保压测试，若真空压力在 5s 内达不到 55~60kPa（图 2-2-11），则说明真空罐漏气，应更换真空罐。

图 2-2-11　真空压力表

4）观察真空表，以2s一次的频率踩制动踏板，检查真空泵被唤醒时的工作情况。

5）关闭点火开关，熄火状态下进行真空保压测试，观察真空表指针有无走动，检测电动真空助力系统管路有无泄漏。

6）拆下真空表和三通管。

7）复原真空管插头位置。

（2）丰田普锐斯混合动力汽车制动管路放气

！ 警告：

① 禁止未参加该车型系统知识培训的维修人员进行制动液更换的操作，以免损伤车辆。在操作时应小心添加制动液，以保证它的液位处于储液罐的最小与最大指示线之间。在添加制动液之后，严禁将制动液遗留在发动机舱内，防止发生侧翻。

② 放气时，由于蓄能器压力下降，蜂鸣器可能鸣叫，这属于正常情况。

③ 放气时，1号、2号电动机继电器故障和压力传感器故障将被储存，所以在制动液更换完毕之后，按指示清除故障码。

操作步骤如下：

1）将档位调至P档，并踩下制动踏板。

2）在电源开关关闭情况下，将诊断仪与车辆连接。

3）打开车辆电源开关，打开诊断仪。

4）选择诊断仪上的"与车辆连接"，进入诊断系统。

5）选择制动系统，如图2-2-12所示。

图2-2-12 选择制动系统

6）单击工具按钮。

7）选择"放气"，如图2-2-13所示。

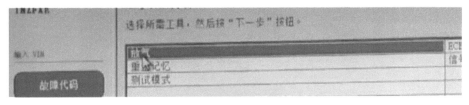

图2-2-13 选择"放气"

8）再次检查，车辆已停止，驻车制动已拉上，点火开关处于开启状态，如图 2-2-14 所示。

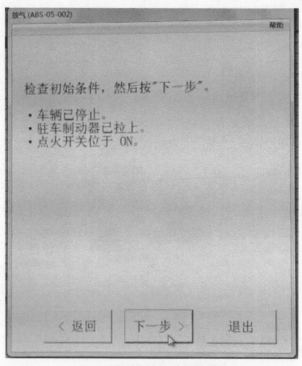

图 2-2-14　再次检查屏幕显示

9）选择"通常放气"，选择"FR（右前）管线"，如图 2-2-15 所示。

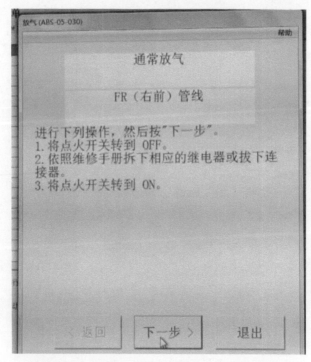

图 2-2-15　选择"通常放气""FR（右前）管线"

10）关闭点火开关。

11）找出发动机机舱熔丝盒 1 号和 2 号防抱死制动系统电机，并拔出，如图 2-2-16 所示。

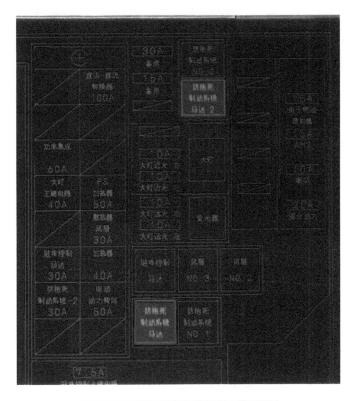

图 2-2-16　找出防抱死制动系统电机

12）打开点火开关之后返回诊断仪继续操作。

13）取下右前轮防尘帽，将塑料管连接到右前车轮放气塞上，如图 2-2-17 所示。

图 2-2-17　将塑料管连接到右前车轮放气塞

14）踩下制动踏板若干次后，保持踏板踩下的状态，松开放气阀。

15）观察制动液停止流出时，拧紧放气塞，如图 2-2-18 所示。

图 2-2-18 拧紧放气塞

16）重复前面的放气过程直至制动液中的空气被完全排放。

17）用指定力矩拧紧放气塞。

18）用棉丝擦拭放气塞表面的制动液，盖紧防尘帽，如图 2-2-19 所示。

图 2-2-19 盖紧防尘帽

19）返回诊断仪继续操作。

20）选择"FL（左前）管线"，如图 2-2-20 所示。

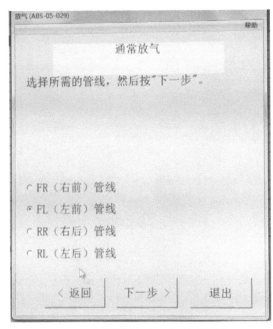

图 2-2-20　选择"FL（左前）管线"

21）取下左前轮防尘帽，将塑料管连接到左前车轮放气塞上。

22）踩下制动踏板若干次后，保持踏板踩下的状态，松开放气阀。

23）观察制动液停止流出时，拧紧放气塞。

24）重复前面的放气过程直至制动液中的空气被完全排放。

25）用指定力矩拧紧放气塞。

26）用棉丝擦拭放气塞表面的制动液，盖紧防尘帽。

27）返回诊断仪继续操作。

28）选择"RR（右后）管线"。

29）取下右后轮防尘帽，将塑料管连接到右后车轮放气塞上。

30）踩下制动踏板若干次后，保持踏板踩下的状态，松开放气阀。

31）观察制动液停止流出时，拧紧放气塞。

32）重复前面的放气过程直至制动液中的空气被完全排放。

33）用指定力矩拧紧放气塞。

34）用棉丝擦拭放气塞表面的制动液，盖紧防尘帽。

35）返回诊断仪继续操作。

36）选择"RL（左后）管线"。

37）取下左后车轮防尘帽，将塑料管连接到左后车轮放气塞上。

38）踩下制动踏板若干次后，保持踏板踩下的状态，松开放气阀。

39）观察制动液停止流出时，拧紧放气塞。

40）重复前面的放气过程直至制动液中的空气被完全排放。

41）用指定力矩拧紧放气塞。

42）用棉丝擦拭放气塞表面的制动液，盖紧防尘帽。

43）完成四条管路放气之后点击"退出"，如图 2-2-21 所示。

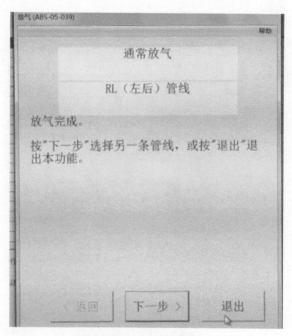

图 2-2-21 点击"退出"

44）返回主菜单。

45）关闭点火开关。

46）打开制动液壶盖补充添加制动液至上限，如图 2-2-22 所示。

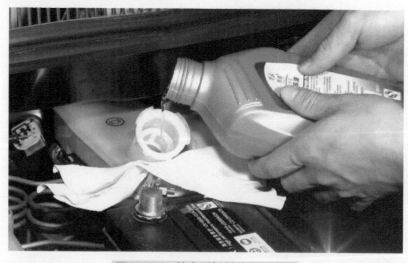

扫一扫
制动液液位检查

图 2-2-22 补充添加制动液至上限

47）安装防抱死制动系统电机 1 号和 2 号继电器。

48）打开点火开关。

49）使用诊断仪清除制动系统故障码。

50）选择对应车型。

51）进入制动系统。

52）清除故障码，如图 2-2-23 所示。

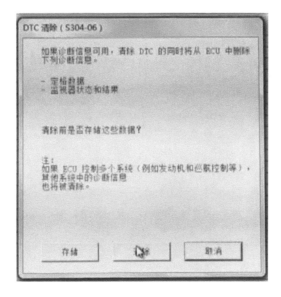

图 2-2-23　清除故障码

53）检查四轮防尘帽有无泄漏。

54）降落车辆。

四、任务考核

目标		考核题目	得分
知识目标	1	1）（单选）12V 直流常电接通后，真空泵控制器发送信号让真空泵开始工作，真空罐压力达到（　）kPa 以上时，真空罐压力传感器闭合。 A.55　　B.60　　C.45　　D.70	
		2）（判断）电动真空助力系统某个真空管路发生空气泄漏，真空罐压力传感器检测到真空度不足，就会发送信号给控制器，控制真空泵工作。在持续工作 15s 之后，会自动停止，防止真空泵过热。（　）	
		3）（单选）下面属于执行器的是（　）。 A. 真空罐传感器　　B. 真空泵控制器　　C.驱动电动机控制器　　D. 真空泵	
	2	1）（单选）打开电源开关（READY），检查 ABS 警告灯、VSC 警告灯、BRAKE 警告灯、制动控制警告灯和 SLIP 指示灯点亮大约（　）s，然后熄灭，则表示没有异常。 A.2　　B.3　　C.5　　D.7	
		2）（判断）用测试模式检查传感器实操中，如果 ABS 警告灯和 VSC 警告灯不闪烁，表示没有故障。（　）	
		3）（单选）在测试模式关于偏移传感器的检查中，需要将变速杆拨到"D"档，以大约（　）km/h 的车速行驶，然后向左或向右以大于 90º 的角度并保持 180º 圆弧行驶。 A.5　　B.10　　C.15　　D.20	
技能目标	1	1）（单选）在进行电动真空助力测试时，需要使用的工具是（　）。 A. 气缸压力表　　B. 解码仪　　C. 汽车举升机　　D. 真空表	
		2）（判断）起动车辆进行真空泵真空保压测试时，若真空压力在 5s 内达不到 55~60kPa 则说明真空罐漏气，应更换真空罐。（　）	
		3）（判断）在进行丰田普锐斯混合动力汽车制动管路放气时，需要用到诊断仪。（　）	
总分：　　　　分			
教师评语：			

项目三 新能源汽车电动转向系统

项目描述

新能源汽车特别是纯电动汽车基本上都采用电动转向系统。本项目主要学习新能源汽车电动转向系统的结构组成及检修，分为以下两个任务。

任务一：新能源汽车电动转向系统认知。

任务二：新能源汽车电动转向系统检修。

通过以上两个任务的学习，掌握新能源汽车电动转向系统的结构组成及检修方法，能够认识新能源汽车电动转向系统的结构组成，以及能对新能源汽车电动转向系统进行检修。

任务一 新能源汽车电动转向系统认知

学习目标

◎ 知识目标

    1. 能够描述新能源汽车电动转向系统的作用和类型。

    2. 能够描述新能源汽车电动转向系统结构组成和工作原理。

◎ 技能目标

    能够认识新能源汽车电动转向系统的组成元件。

一、任务导入

一辆新能源汽车转向系统发生转向沉重故障，你的主管认为电动转向系统出现故障，要求你进行检查，你能完成这个任务吗？

二、获取信息

 引导问题 1 > **新能源汽车电动转向系统有哪些类型？**

1. 电动转向系统的作用

转向系统是指由汽车用户操纵，能实现转向轮偏转和回位的一套机构，它能按照用户的意图改变汽车的行驶方向和保持汽车稳定的直线行驶。

2. 电动转向系统的类型

转向系统按有无助力可分为机械转向系统和助力（动力）转向系统两大类。

机械转向系统就是传统的没有助力的机械转向系统。

助力转向系统是利用发动机动能或蓄电池电能，经空气压缩机或电动机，转换为液体压力、气体压力或电动机输出的机械能，从而增加用户操控转向轮的力。助力转向系统按传力介质的不同，可分为液压助力转向、气压助力转向和电动转向三大类。以下只介绍电动转向系统（Electric Power Steering，EPS）。

新能源汽车电动转向系统与传统汽车的电动转向系统基本相同。由于纯电动汽车取消了内燃机，不能通过内燃机驱动液压助力泵的方式来实现液压助力，因此，大多数纯电动汽车采用电动转向系统，即在原机械转向系统的基础上安装一个电动机，作为转向的辅助动力。

电动转向系统根据助力电动机的安装位置不同，又可以分为转向轴助力式、齿轮助力式、齿条助力式三种，如图 3-1-1 所示。转向轴助力式 EPS 的电动机固定在转向轴一侧，通过减速机构与转向轴相连，直接驱动转向轴助力转向。齿轮助力式 EPS 的电动机和减速机构与小齿轮相连，直接驱动齿轮助力转向。齿条助力式 EPS 的电动机和减速机构则直接驱动齿条提供助力。

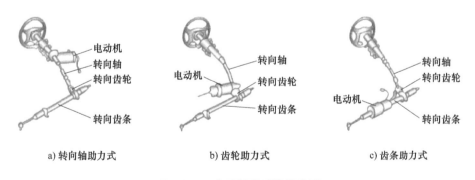

a) 转向轴助力式   b) 齿轮助力式   c) 齿条助力式

图 3-1-1 电动转向系统的类型

引导问题 2 > **新能源汽车电动转向系统由哪些结构组成？**

如图 3-1-2 所示，电动转向系统由转向机（含转向轴柱和减速机构等）、电动机、转矩传感器、EPS 控制器等部件组成。EPS 控制器根据各传感器输出的信号计算所需的转向助力，并通过功率放大模块控制助力电动机的转动，电动机的输出经过减速机构减速增矩后驱动齿轮齿条机构产生相应的转向助力。

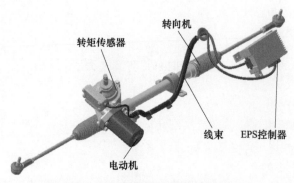

图 3-1-2　电动转向系统的组成

1. 转向机、转向柱轴、减速机构

转向机与传统的机械转向相同，在打转向盘的同时，帮助用户用力，以减轻用户转向时的用力程度，达到开车时用户轻松、方便的目的。

如图 3-1-3a 所示，电动机、减速机构和转矩传感器都安装在转向柱轴上，转矩传感器为感应式电阻传感器。

减速机构通过蜗杆和蜗轮降低直流电动机的转速并将之传送到转向柱轴，蜗杆由滚珠轴承支承以减小噪声和摩擦。

2. 电动机

EPS 采用的电动机为小型直流电动机，因此也称 DC（Direct Current）电动机，可以根据EPS 控制器的信号产生转向助力。

如图 3-1-3b 所示，直流电动机包括转子、定子和电动机轴，电动机产生的转矩通过联轴器传到蜗杆，转矩又通过蜗轮传送到转向柱轴。

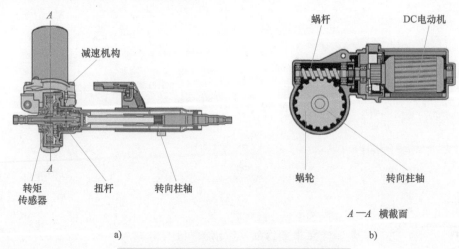

图 3-1-3　转向柱轴、DC 电动机及减速机构

3. 转矩传感器

转矩传感器检测扭力杠杆的扭曲程度，并将之转换为电信号来计算扭力杆上的转矩，然后将该信号传输给 EPS 控制器。

在输入轴上安装有检测环 1 和检测环 2，而检测环 3 安装在输出轴上，输入轴和输出轴通过扭力杆连接在一起，检测线圈和校正线圈位于各检测环外侧，不经接触可形成励磁电路。检测误差 1 和检测误差 2 的功能是校正温度误差，它们可以检测校正线圈中的温度变化并校正温度变化引起的误差。

检测线圈通过对偶电路可以输出两个信号 VT1（转矩传感器信号 1）和 VT2（转矩传感器信号 2）。ECU 根据这两个信号控制助力大小，同时检测传感器故障。

（1）直线行驶时

如果车辆直线行驶且用户没有转动转向盘，则 ECU 会检测出转向盘的位置，不向 EPS 电动机供电。

（2）转向时

用户向左或向右转动转向盘时，扭力杆的扭曲就会在检测环 2 和检测环 3 之间产生相对位移，检测环可以把这个变化转换为两个电信号 VT1 和 VT2，并发送到 EPS 控制器。转向盘转动时，输出电压与助车转矩的关系如图 3-1-4b 所示。

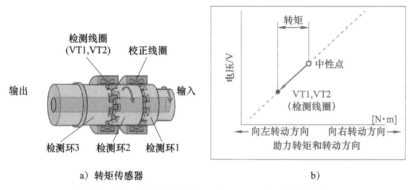

a）转矩传感器   b）

图 3-1-4 转矩传感器输出电压与助力转矩的关系

4. EPS 控制器

EPS 控制器根据各传感器（包括车速传感器）发出的信号，起动转向柱上的电动机来提供转向助力。

电控助力转向系统工作原理如图 3-1-5 所示。

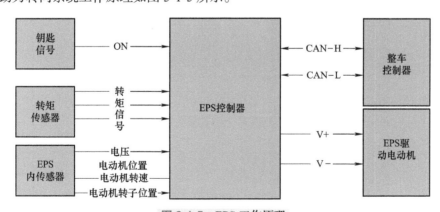

图 3-1-5 EPS 工作原理

1）当整车处于停车断电状态，EPS 不工作（EPS 不进行自检、不与整车控制器 VCU 通信、EPS 驱动电动机不工作）；当钥匙开关处于 ON 档，ON 档继电器吸合后 EPS 开始工作。

2）EPS 正常工作时，EPS 根据接收来自 VCU 的车速信号、唤醒信号及来自转矩传感器的转矩信号和 EPS 助力电动机的位置、转速、转子位置、电流、电压信号等进行综合判断，以控制 EPS 助力电动机的转矩、转速和方向。

3）转向控制器在通电 200ms 内完成自检，通电 200ms 后可以与 CAN 线交互信息，通电 300ms 后输出转向故障和转向状态信息，通电 1200ms 后输出控制系统版本信息。

4）当 EPS 检测到故障时，通过 CAN 总线向 VCU 发送故障信息，并采取相应的处理措施。

三、任务实施

1. 实施要求
本操作任务主要认识新能源汽车电动转向系统的结构组成。

2. 实施准备
1）防护装备。
2）车辆、台架、总成：电动转向系统台架。
3）专用工具、设备。
4）手工工具：组合工具。
5）辅助材料。

3. 实施步骤

扫一扫
认识转向系统

根据实训室的车辆配置，教师带领学生对纯电动汽车和混合动力汽车的电动转向系统进行介绍，查找电动转向系统新增元件的位置，并讲解控制原理。

（1）电动转向系统主要组成元件认识

北汽 EV160 电动助力转向系统是由转矩传感器、电子控制单元和助力电动机共同组成，如图 3-1-6 所示。

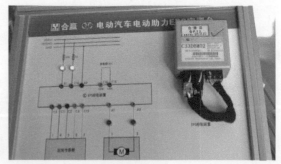

a）EPS 实物　　　　　　　　　　b）EPS 实训台

图 3-1-6　北汽 EV160 电动助力转向系统

电子控制单元（图 3-1-7）根据各传感器输出的信号计算所需的转向助力，并通过功率放大模块控制助力，转向电动机转动，电动机的输出经过减速机构减速增矩后驱动齿轮齿条机构产生相应的转向助力，如图 3-1-8 所示。

目前电动助力转向系统按助力作用位置分为管柱助力式（C-EPS）、齿轮助力式（P-EPS）和齿条助力式（R-EPS）。

方向机与助力电动机安装在前桥托架上，转矩传感器安装在转向柱上，电子控制单元安装在前排乘客仪表内。

图 3-1-7　电子控制单元

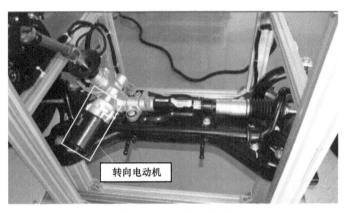

图 3-1-8　转向电动机

（2）转向系统控制策略

转向系统控制策略同前文所述 EPS 控制器的工作原理。

四、任务考核

目标		考核题目	得分
知识目标	1	1）（判断）转向系统是指由汽车用户操纵，能实现转向轮偏转和回位的一套机构，它能按照用户的意图改变汽车的行驶方向和保持汽车稳定的直线行驶。（　　）	
		2）（判断）转向系统按有无助力可分为机械转向系统和助力（动力）转向系统两大类。（　　）	
		3）（判断）电动转向系统按传力介质不同，又可以分为转向轴助力式、齿轮助力式、齿条助力式三种。（　　）	
		4）（单选）电动助力转向系统的缩写是（　　）。 A.ECU　　B.PCU　　C.EPS　　D.EBD	
	2	1）（判断）电动转向系统由转向机（含转向轴柱和减速机构等）、电动机、转矩传感器、EPS 控制器、车轮组成。（　　）	
		2）（判断）EPS 系统采用的电动机为小型直流电动机，也称 DC 电动机，可以根据 EPS 控制器的信号产生转向助力。（　　）	
		3）（判断）EPS 控制器根据各传感器（包括车速传感器）发出的信号，起动转向柱上的电动机来提供转向助力。（　　）	
技能目标	1	1）（判断）北汽 EV160 电动助力转向系统是由转矩传感器、电子控制单元和助力电动机、车轮共同组成的。（　　）	
		2）（判断）目前电动助力转向系统按助力作用位置分为管柱助力式（C-EPS）、齿轮助力式（P-EPS）和齿条助力式（R-EPS）。（　　）	
总分：　　　　　分			
教师评语：			

任务二　新能源汽车电动转向系统检修

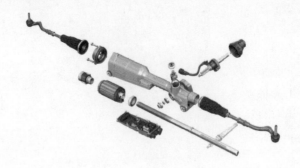

学习目标

◎ 知识目标

1. 能够描述新能源汽车电动转向系统的作用和类型。

2. 能够描述新能源汽车电动转向系统结构组成和工作原理。

◎ 技能目标

能够认识新能源汽车电动转向系统的组成元件。

一、任务导入

一辆新能源汽车转向系统发生转向沉重故障，经检查确认电动转向系统控制器出现故障，需要更换，你能完成这个任务吗？

二、获取信息

引导问题　　**新能源汽车电动转向系统如何检修？**

1. 电动转向系统转向力的检查

转向力的检查有助于判断电动助力转向系统的工作情况。

1）汽车停放在水平路面上，转向盘放置在平直向前位置。

2）检查轮胎充气压力是否符合规定的要求。

3）起动车辆。

4）通过相切方向勾住转向盘上的弹簧秤测量转向力。

转向力标准：至少 35N（弹簧秤 3.5kg）。

2. 电动转向系统检修时操作注意事项

（1）当处理电子部件时

1）避免撞击电子部件，如 EPS 控制器和 EPS 电动机。如果这些部件跌落或遭受严重撞击，则应换新。

2）不要将任何电子部件暴露在高温或者潮湿的环境中。

3）不要触碰插接器端子，以防变形或因静电引起故障。

（2）当处理机械总成时

1）避免撞击转向管柱或者转向机总成，特别是电动机或者转矩传感器，如果这些部件遭受严重撞击，则应换新。

2）当移动管柱或者转向机总成时，不要提拉线束。

（3）当断开或重新连接插接器时

必须确认钥匙置于 OFF 位置。

3. 电动转向系统故障诊断

电动助力转向系统常见故障及排除方法见表 3-2-1。

→ **提示**：务必首先排除非电动助力转向系统的因素，如四轮定位、悬架、轮胎等。

表 3-2-1 电动助力转向系统常见的故障现象、故障原因及排除方法

故障现象	故障原因	排除方法
转向沉重	插接件未插好	插好插头
	线束接触不良或破损	更换线束
	转向盘安装不正确（扭曲）	正确安装转向盘
	转矩传感器性能不良	更换转向器
	转向器故障	更换转向器
	电动机转速传感器故障	更换电动机转速传感器
	车速传感器性能不良	更换车速传感器
	主熔丝和线路熔丝烧坏	更换熔丝
	EPS 控制器故障	更换 EPS 控制器
在直行时车总是偏向一侧	转矩传感器性能不良	更换转向器
转向力不平顺	转矩传感器性能不良	更换转向器

三、任务实施

1. 实施要求

本操作任务主要进行新能源汽车电动转向系统控制器的拆装。

1）电动转向系统控制器拆卸。

2）电动转向系统控制器安装。

2. 实施准备

1）防护装备。

2）车辆、台架、总成：荣威 E50，北汽 EV 系列或其他新能源车辆或电动转向系统台架。

3）专用工具、设备。

4）手工工具：组合工具。

5）辅助材料。

3. 实施步骤

根据实训室的车辆配置，对电动助力转向系统的控制器进行拆装。注意仪器及设备的使用方法，并强调实训中的安全注意事项。

以下以荣威 E50 为例，介绍新能源汽车 EPS 控制器的更换步骤。

1. EPS 控制器的拆卸

1）确保车轮处于正前方向。

2）从点火开关上拔下钥匙。

3）打开前机舱盖，铺设翼子板护垫。

4）断开蓄电池负极连接，将蓄电池负极用绝缘胶带包裹好，防止线束搭铁。

!**警告**：在断开蓄电池负极后，需等待 10min 左右才可以继续安全气囊的拆装作业，因为安全气囊后备电路放电也需要一定的时间，以避免发生危险。

5）用内饰拆装工具打开中控台饰板。

6）拆下中控台底部螺钉。

7）取出杯桶底部螺钉。

8）取出扶手箱盖。

9）检查绝缘手套是否漏气，佩戴绝缘手套。

10）取出手动维修开关。

!**警告**：正常情况下在拆除手动维修开关后，高压系统还存在高压电，这是电动机控制器中高压电容的存在造成的，需要经过一段时间的等待，高压电容中的电才能被完全释放。

11）拆下两侧气囊模块固定在转向盘上的螺钉，如图 3-2-1 所示。

图 3-2-1 拆下两侧气囊模块固定螺钉

12）从气囊模块上断开插接器，如图 3-2-2 所示。

图 3-2-2 断开插接器

13）取出安全气囊，如图 3-2-3 所示。

图 3-2-3 取出安全气囊

14）断开转向盘开关线束的插接器，如图 3-2-4 所示。

图 3-2-4 断开转向盘开关线束的插接器

15）在转向管柱轴和螺母上做好标记，如图 3-2-5 所示。

图 3-2-5 在转向管柱轴和螺母上做标记

16）用 21 号套筒松开转向盘螺母，如图 3-2-6 所示。

图 3-2-6　松开转向盘螺母

17）取下转向盘总成。

18）拆卸护罩固定到转向管柱上的三个螺钉，如图 3-2-7 所示。

图 3-2-7　拆卸护罩固定到转向管柱上的三个螺钉

19）拆下转向柱下护罩。

20）拆下组合仪表饰框上的两个螺钉。

21）取出仪表框护罩，如图 3-2-8 所示。

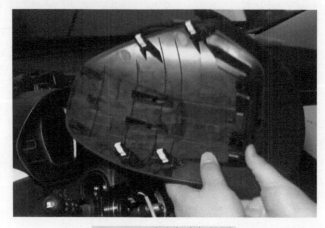

图 3-2-8　取出仪表框护罩

22）拆下仪表护罩螺钉，并取下仪表护罩，如图 3-2-9 所示。

图 3-2-9　拆卸仪表护罩

23）断开转向柱周围的组合开关插接器，如图 3-2-10 所示。

图 3-2-10　断开转向柱周围的组合开关插接器

24）拆下转向管柱上的四个螺钉，如图 3-2-11 所示。

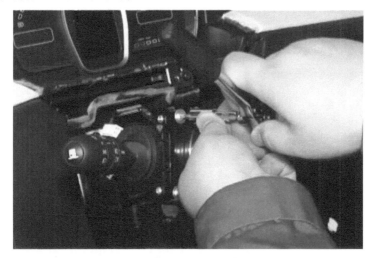

图 3-2-11　拆下转向管柱上的四个螺钉

25）从转向管柱上拆下转向柱拨杆组合开关，如图 3-2-12 所示。

图 3-2-12　拆下转向柱拨杆组合开关

26）拆下驾驶人侧仪表板安装护盖。

27）拆下封闭面板固定到仪表板总成上的三个螺钉，如图 3-2-13 所示。

图 3-2-13　拆下封闭面板固定螺钉

28）断开护板的两个插接器，取下驾驶人侧封闭面板总成，如图 3-2-14 所示。

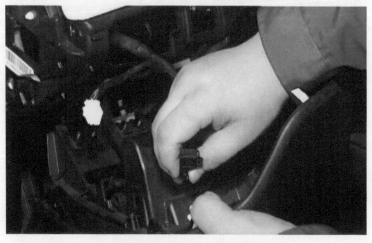

图 3-2-14　断开护板的插接器

29）断开转向管柱助力电动机的插接器。

30）断开将线束固定到转向管柱上的卡钉，在转向管柱万向节输入轴做好标记，如图 3-2-15 所示。

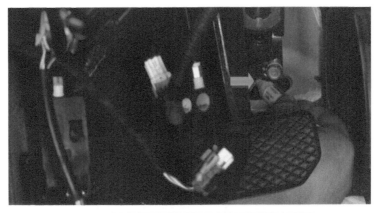

图 3-2-15 在转向管柱万向节输入轴做好标记

31）拆下转向管柱固定在动力转向机上的螺栓并废弃，如图 3-2-16 所示。

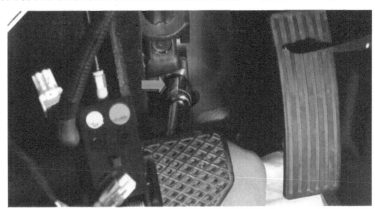

图 3-2-16 拆下转向管柱固定在动力转向机上的螺栓

32）拆下将转向管柱固定在仪表板横梁上的四个螺栓。

33）取出转向管柱总成，如图 3-2-17 所示。

图 3-2-17 取出转向管柱总成

2. EPS 控制器的安装

1）固定转向管柱总成螺栓，如图 3-2-18 所示。

图 3-2-18　固定转向管柱总成螺栓

2）调整转向管柱万向节位置，如图 3-2-19 所示。

图 3-2-19　调整转向管柱万向节位置

3）安装固定螺钉，力矩为 22 N·m。

4）紧固力矩为 22 N·m 的转向管柱螺栓。

5）连接转向管柱助力电动机的插接器。

6）连接 EPS 模块插接器。

7）连接 4 个转向管柱助力电动机插接器，如图 3-2-20 所示。

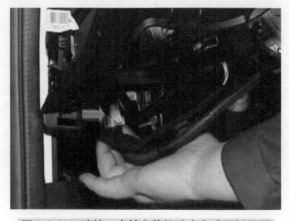

图 3-2-20　连接 4 个转向管柱助力电动机插接器

8）将转向柱拨杆组合开关固定到转向管柱上，如图 3-2-21 所示。

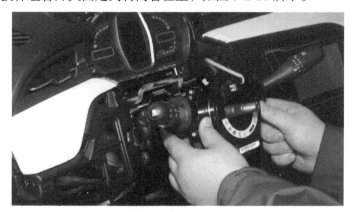

图 3-2-21　固定转向柱拨杆组合开关

9）安装四个螺钉，力矩为 4~5.5N·m，如图 3-2-22 所示。

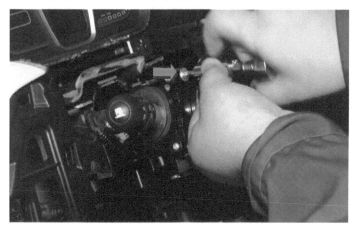

图 3-2-22　安装螺钉

10）连接组合开关周围的插接器，如图 3-2-23 所示。

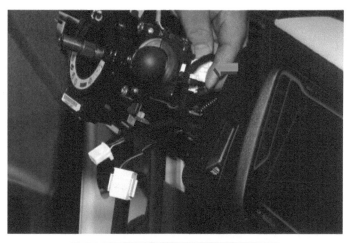

图 3-2-23　连接组合开关周围的插接器

11）安装前照灯调节插接器。

12）安装后视镜调节插接器，如图 3-2-24 所示。

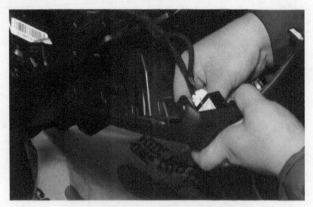

图 3-2-24　安装后视镜调节插接器

13）安装面板总成。

14）装上三个驾驶人侧封闭面板螺钉，紧固力矩为 1.3~2.3 N·m。

15）安装仪表板侧护盖，如图 3-2-25 所示。

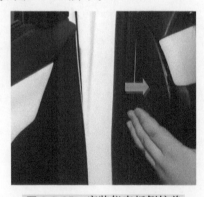

图 3-2-25　安装仪表板侧护盖

16）安装组合仪表饰框，紧固螺栓力矩为 1.3~2.3 N·m。

17）安装组合仪表上盖总成，紧固螺栓力矩为 1.3~2.3 N·m，如图 3-2-26 所示。

图 3-2-26　安装组合仪表上盖总成

18）安装转向管柱下护罩，紧固螺栓力矩为 1.3~2.3 N·m，如图 3-2-27 所示。

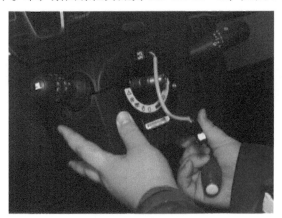

图 3-2-27 安装转向管柱下护罩

19）安装转向盘。

20）对准转向盘管柱轴端标记。

21）安装转向盘固定螺栓，紧固螺栓力矩为 40~60 N·m，并检查转矩，如图 3-2-28 所示。

图 3-2-28 安装转向盘固定螺栓

22）连接转向盘开关线束的插接器，如图 3-2-29 所示。

图 3-2-29 连接转向盘开关线束的插接器

23）连接驾驶人安全气囊插接器，如图 3-2-30 所示。

图 3-2-30　连接驾驶人安全气囊插接器

24）固定安全气囊两侧螺栓，紧固螺栓力矩为 10~15 N·m，如图 3-2-31 所示。

图 3-2-31　固定安全气囊两侧螺栓

25）安装手动维修开关。

26）安装手扶箱。

27）紧固手扶箱前端螺栓，紧固螺栓力矩为 6~8 N·m。

28）紧固手扶箱后端螺栓，紧固螺栓力矩为 4~6 N·m。

29）连接蓄电池的负极，如图 3-2-32 所示。

图 3-2-32　连接蓄电池的负极

30）起动车辆，观察仪表板。

31）检查左转向系统，检查右转向系统，检查刮水器系统，检查灯光系统，检查喇叭。

四、任务考核

目标		考核题目	得分
知识目标	1	1）（单选）关于电动转向系统转向力的检查，下面说法有误的是（　　）。 A. 转向力的检查有助于判断电动助力转向系统是否正常。 B. 检查转向力时，汽车不需要停放在水平路面上，转向盘放置在平直向前位置。 C. 需要检查汽车的胎压是否符合标准。 D. 需要起动车辆。	
		2）（单选）关于电动转向系统检修时操作的注意事项，叙述错误的是（　　）。 A. 处理电子部件时，不要将任何电子部件暴露在高温或者潮湿的环境中。 B. 处理电子部件时，不要触碰插接器端子，以防变形或者因静电引起故障。 C. 处理机械总成时，移动管柱或转向机总成时，不要提拉线束。 D. 在断开或重新连接插接器时，汽车钥匙可以在 ON 档。	
		3）（单选）电动转向系统在直行时总是偏向一侧，可能的原因是（　　）。 A. 线束接触不良或破损　　　B. 电动机转速传感器故障 C.EPS 控制器故障　　　　　D. 转矩传感器性能不良	
技能目标	1	1）（判断）断开蓄电池负极连接，不需要对蓄电池做好防护措施。（　　）	
		2）（判断）在断开蓄电池负极后，需等待 10min 左右才可以继续安全气囊的拆装作业，因为安全气囊后备电路放电也需要一定的时间，以避免发生危险。（　　）	
		3）（判断）在断开手动维修开关时，不需要佩戴绝缘手套。（　　）	
		4）（判断）在拆卸转向柱的输入轴时，需要做好标记。（　　）	
总分：　　　　　分			
教师评语：			

项目四　新能源汽车自动起停系统

项目描述

在传统燃油汽车上广泛应用的自动起停系统，在新能源汽车上更是普遍应用。本项目介绍新能源汽车自动起停系统的相关知识，包含以下两个任务。

任务一：新能源汽车自动起停系统认知。

任务二：新能源汽车自动起停系统检修。

通过以上两个任务的学习，掌握新能源汽车自动起停系统的功能、类型和结构原理，并能进行应用及检修。

任务一　新能源汽车自动起停系统认知

学习目标

◎ 知识目标

1. 能够描述自动起停系统的功能与技术要求。

2. 能够描述自动起停系统的类型。

3. 能够描述自动起停系统的操作方法。

◎ 技能目标

能够进行自动起停系统的操作。

一、任务导入

你的主管要求你为新能源汽车的客户介绍自动起停系统的功能与操控，你能完成这个任务吗？

二、获取信息

 **什么是自动起停系统？自动起停系统有哪些技术要求？**

1. 自动起停系统的功能

汽车行驶在拥挤的城市道路中，总免不了停车等信号灯，而发动机怠速消耗的能源是毫无意义的。自动起动停车技术就是致力于最大限度减少发动机怠速时燃油的损耗，避免这部分能源的浪费，同时对节省能源与降低排放有着重要意义。

新能源汽车中保留传统发动机的油电混合动力汽车同样装备自动起停系统。

发动机自动起停就是在车辆行驶过程中临时停车(例如等红灯)时，自动熄火。当需要继续前进时，系统自动重起发动机的一套系统。英文名称为STOP&START，简称STT。STT智能节油系统是一套控制发动机起动和停止的系统。

2. 自动起停系统的技术要求

自动起停系统与普通的起动车辆方式没有太大的差别，因此蓄电池和起动机需要承受较大的压力，同时需要较多的传感器和控制器检测起停过程控制。总的来说，自动起停系统主要对车辆进行以下几个方面的技术改进。

（1）起动机

对于这类靠起动机和蓄电池的起停系统来说，起动机就是车辆的生命线，寿命必须提高以应付短时间内频繁的大电流工作，对于接合型起动机需加强接合齿轮强度、电磁线圈以及其他零部件的耐用性，因此起停系统的起动机要求要比传统起动机更耐用，使用寿命必须达到30万次以上。

（2）蓄电池

蓄电池也需要特别加强，让其可快速充放电，同时也需要有高容量以应付发动机停机后车用电器的工作需要。普通的铅酸蓄电池无法在短时间内多次大电流放电，其隔板无法让电离子快速通过。因此具有起停功能的车辆需要有更大容量的蓄电池。当前市场上一般采用AGM蓄电池来替代传统铅酸蓄电池。

（3）空调与暖风系统

车辆上配备空调增加乘坐舒适性，但大部分带有起停系统的车辆在发动机熄灭时，空调只会送风并不会制冷，大大影响乘坐舒适性。同时若检测到车内温度与设定值相差太大，发动机便会自动起动。频繁的起动振动让乘坐舒适性大打折扣。因此，有自动起停系统的车辆必须设计有单独的空调或暖风控制系统。

（4）安全

当起停系统运行自动停机时，发动机会停止运转，如果真空助力系统或转向助力系统完全依靠发动机提供助力，可能会导致车辆失去真空助力或转向助力。因此，出于安全考虑，现有的车辆必须设计有真空助力辅助系统，以及改进转向助力系统，这样，即使在发动机自动停机期间，这两个与安全相关的系统也能正常运行。

自动起停系统由于成本低、节能减排效果显著，目前很多汽车制造厂商已将该系统作为车辆的一个标准配置。从众多的汽车厂商采用的类型来看，自动起停系统主要有以下三种形式。

1. 分离式起动机 / 发电机起停系统

采用分离式起动机和发电机的自动起停系统很常见。这种系统的起动机和发电机是独立设计的，发动机起动所需的功率是由起动机提供，而发电机则为起动机提供电能。

如图 4-1-1 所示，德国博世是这种起停系统的主流供应商。这套系统包括高增强型起动机、增强型电池（一般采用 AGM 电池）、可控发电机、集成起动 / 停止协调程序的发动机 ECU、传感器等。

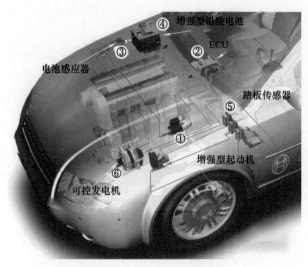

图 4-1-1　分离式起停系统

博世的起动机能快速、安静地自动恢复发动机运转，可降低起动时的油耗。这种起停系统零件少，安装方便，可应用于各种不同混合动力车辆（传动带驱动、直齿驱动和电力轴驱动）。而且系统的部件与传统部件尺寸保持一致，因此可直接配备至各种车辆上。

目前全球已量产装有博世起停系统的车型非常多，包括宝马1、3、5 系和 X3，大众帕萨特、高尔夫等。

2. 集成起动机 / 发电机起停系统

集成起动机 / 发电机是一个通过永磁体内转子和单齿定子来激励的同步电动机，能将驱动单元集成到混合动力传动系统中。

图 4-1-2　i-Start 系统

如图 4-1-2 所示，法雷奥研发成 i-Start 系统（i-Stop-Start System），它首先应用于标致雪铁龙集团（PSA 集团）的 e-HDi 车型上。i-Start 系统的电控装置集成在发电机内部，在遇红灯停车时发动机停转，只要一挂档或松开制动踏板，汽车就会立即自动起动发动机。

3. 马自达 SISS 智能起停系统

以上介绍的两种起停系统是单纯依靠起动机来起动发动机的，而马自达的 SISS 智能起停系统（现在称为 i-Stop 技术），主要是通过在气缸内进行燃油直喷，燃油燃烧产生的膨胀力来重起发动机的，发动机上的传统起动机在发动机起动时起到辅助作用，如图 4-1-3 所示。

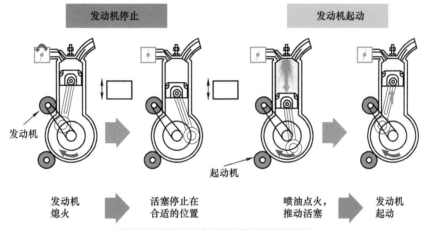

图 4-1-3 SISS 智能起停系统发动机

该系统控制智能，效率高，无须起动机就能实现 Start-Stop 的功能，已用于日本市场销售的 Mazda 2、Mazda 3 和 Mazda 6 部分车型上。

三、任务实施

1. 实施要求

本操作任务主要完成自动起停系统的操作。

1）手动变速器车辆自动起停系统操作。

2）自动变速器车辆自动起停系统操作。

2. 实施准备

1）防护装备。

2）车辆、台架、总成：手动、自动变速器的带自动起停系统的车辆。

3）专用工具、设备。

4）手工工具。

5）辅助材料。

3. 实施步骤

自动起停系统发动机自动起动与自动停机一般是由发动机控制模块控制的。发动机控制模块采集驾驶人操作指令，并结合车辆实际运行状态控制起动与停止。以下分别介绍手动变速器和自动变速器车辆自动起停系统的操作方法。

❗ **警告**：确保车辆及人身安全！

（1）手动变速器车辆自动起停系统操作

1）发动机关闭过程：

遇到红灯等情况需要停车→挂至低速档并踩住制动踏板将车停住→挂入空档让发动机怠速运转后松开离合器踏板→自动起停功能将发动机自动关闭，自动起停仪表指示灯亮起，如图4-1-4所示。

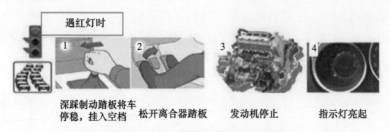

图4-1-4　手动变速器车辆自动停机

2）发动机重起过程：

需要起动→踩下离合器踏板→起停功能使发动机重起，起停仪表指示灯熄灭→挂档后松开离合器踏板即可加速前进，如图4-1-5所示。

图4-1-5　手动变速器车辆自动起动

（2）自动变速器车辆自动起停系统操作

1）发动机关闭过程：

需要停车→持续踩住制动踏板→起停功能将发动机自动关闭，起停仪表指示灯亮起，如图4-1-6所示。

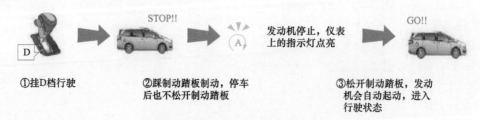

图4-1-6　自动变速器车辆自动起停

2）发动机重起过程：

需要起动→松开制动踏板→起停功能使发动机重起，起停仪表指示灯熄灭→踩加速踏板即可加速前进。起停控制开关与指示灯如图4-1-7所示。

此外，如果你不想使用此项功能，可通过图4-1-7所示的按钮将其关闭，组合仪表板屏幕上的状态提示灯也随之消失。

 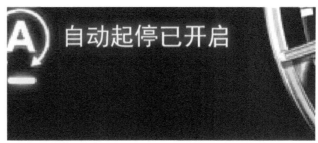

图 4-1-7　起停控制开关与指示灯

四、任务考核

目标		考核题目	得分
知识目标	1	1)（判断）发动机自动起停就是在车辆行驶过程中临时停车（例如等红灯）时，自动熄火。当需要继续前进时，系统自动重起发动机的一套系统。（　）	
		2)（判断）汽车行驶在拥挤的城市道路，总免不了停车等信号灯，而发动机怠速消耗的能源是毫无意义的。自动起动停车技术就是致力于最大限度减少发动机怠速时能源的浪费，同时对节省能源与降低排放有着重要的意义。（　）	
		3)（多选）自动起停系统需要对车辆进行改进的是（　）。 A.起动机　　B.蓄电池　　C.转向灯　　D.前照灯	
	2	1)（单选）自动起停系统由于成本低、节能减排效果显著，目前很多汽车制造厂商已将该系统作为车辆的一个标准配置。从众多的汽车厂商采用的类型来看，自动起停系统主要有（　）种形式。 A.5　　B.4　　C.3　　D.2	
		2)（判断）采用集成起动机和发电机的自动起停系统很常见。这种系统的起动机和发电机是独立设计的，发动机起动所需的功率是由起动机提供，而发电机则为起动机提供电能。（　）	
		3)（判断）分离式起动机/发电机起停系统的应用车型非常多，例如大众的帕萨特、高尔夫等。（　）	
	3	1)（判断）自动起停系统控制发动机自动起动与自动停机一般是由发动机控制模块控制的。发动机控制模块采集驾驶人操作指令，并结合车辆实际运行状态控制起动与停止。（　）	
		2)（判断）手动变速器车辆自动起停系统操作方法要比自动变速器车辆的操作方法复杂一些。（　）	
技能目标	1	1)（判断）手动变速器车辆自动起停系统的操作，发动机的关闭过程是：遇到红灯等情况需要停车→挂至低速档并踩住制动踏板将车停住→挂入空档让发动机怠速运转后松开离合器踏板→自动起停功能将发动机自动关闭，自动起停仪表指示灯亮起。（　）	
		2)（判断）关于手动变速器车辆自动起停的重起过程，手动变速器车辆自动起动后，仪表上的起停指示灯会亮起。（　）	

总分：　　分

教师评语：

任务二　新能源汽车自动起停系统检修

学习目标

◎ 知识目标

　　1. 能够描述自动起停系统的结构组成。

　　2. 能够描述自动起停系统的工作原理。

◎ 技能目标

　　1. 能够识别自动起停系统的结构组成。

　　2. 能够用检测仪器读取自动起停系统数据流。

一、任务导入

你的主管要求你为新能源汽车的客户介绍自动起停系统的功能与操控，你能完成这个任务吗？

二、获取信息

引导问题 1　　**自动起停系统由哪些部件组成？**

自动起停系统主要包含发动机控制模块 ECM、起停主开关、空档传感器（或开关）、离合器踏板位置传感器（或开关）、AGM 低压蓄电池、电池传感器、增强型起动机、仪表显示等。

智能起停技术的核心控制由 ECM 完成，图 4-2-1 所示为典型起停系统（以手动变速器车辆为例）组成结构示意图。

1. 发动机管理系统

发动机管理系统又叫发动机控制模块（Engine Control Module，ECM），起停控制策略由 ECM 集中控制，为了确保发动机停机和起动的安全性和舒适性，ECM 根据整车传感器和相关电器模块发出的状态信号来控制发动机起动 / 停机。ECM 采集的主要信号如图 4-2-2 所示。

2. 增强型起动机系统

装备自动起停系统的发动机需要频繁起动，因此对起动机的耐久寿命提出了更高的要求。智能起停系统要求起动机耐久寿命由非起停车辆的 3.5 万次提高到 30 万次以上。增强型起动机所采用的结构和材料都发生了较大的变化，驱动齿轮的支承由铜套改为滚针轴承，电刷和动铁心采用高寿命材料，如图 4-2-3 所示。

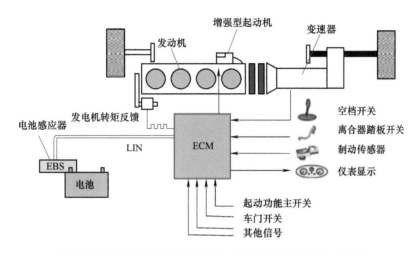

图 4-2-1 典型的手动变速器车辆起停系统组成结构示意图

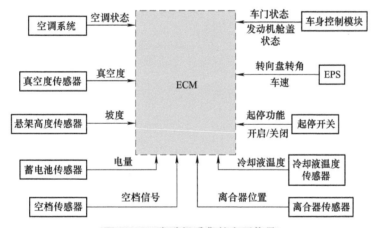

图 4-2-2 发动机采集的主要信号

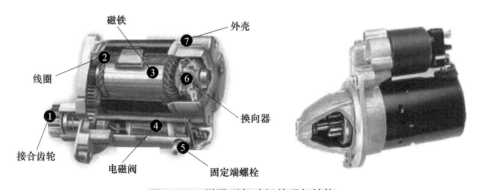

图 4-2-3 增强型起动机外观与结构

起动机工作时产生约 600A 电流会瞬间拉低整车系统的电压，发动机的频繁起动增加了整车电压过低带来的控制模块重启的风险。在起停系统的设计中，可以采用起动机集成 ICR（浪涌电流控制继电器）或整车增加 DC/DC 模块用于稳定整车供电电压。ICR 继电器通过限流电阻削减峰值电流，降低起动机起动时的电压降，从而降低负载端电压降，稳压范围是 9 ~ 13V，工作电路如图 4-2-4 所示。

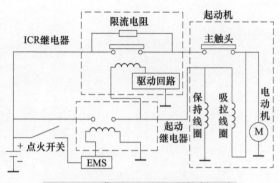

图 4-2-4　典型 ICR 继电器控制电路

DC/DC 模块通过主动稳压的方式，稳压范围在 11.5~12.5V，在测试过程中可以明显改善仪表、导航、背光灯等元件由于起动过程电压降低造成的亮度变化。DC/DC 稳压模块工作电路如图 4-2-5 所示。

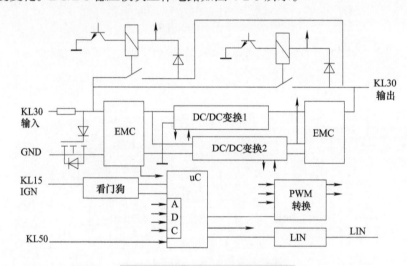

图 4-2-5　典型 DC/DC 控制电路

3. 阀控式 AGM 蓄电池

发动机频繁起动造成普通富液式铅酸蓄电池已经不再适用。阀控式 AGM（Absorptive Glass Mat 的缩写，即超细玻璃纤维）铅酸蓄电池由于其全封闭的结构，采用无纺玻璃纤维毡隔板和铅钙合金板栅，解决了酸液分层的问题，提高了铅膏的黏附性，大幅提升了蓄电池的使用寿命，适用于目前智能起停系统的技术要求。

阀控式 AGM 铅酸蓄电池主要由电池槽、极板、隔板组成，典型的阀控式 AGM 铅酸蓄电池的构成如图 4-2-6 所示。AGM 铅酸蓄电池采用的材料、结构工艺与普通富液式铅酸蓄电池的对比见表 4-2-1。经脉冲放电测试，AGM 蓄电池脉冲放电寿命可达到 1100h。

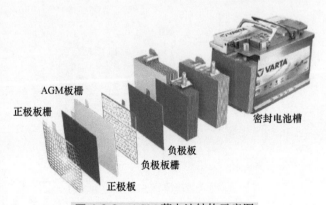

图 4-2-6　AGM 蓄电池结构示意图

表 4-2-1　两种电池的对比

组件	富液式铅酸蓄电池	阀控式 AGM 蓄电池
槽盖结构	槽侧壁厚 2.0mm 左右 材料：PP	需要承受内压，槽侧壁厚 5mm 材料：PP
安全阀	无	6 个安全阀
隔板	PE 隔板	超细玻璃纤维隔板，100% 吸附电解液，避免分层；使氧气与氢气生成水
板栅结构	拉网板，废料少，无边框 材料：铅锑合金	连冲板，板栅带框筋 材料：铅钙合金
极板群组	材料：硫酸铅	材料：铅钙合金，铅钙合金减少负极析氧量，减少自放电量

4. 空档位置传感器

在配置有起停系统的手动变速器车辆中，使用到了一种新型的空档位置传感器来精确检测变速器是否处于空档位置，从而参与发动机的起停控制。如图 4-2-7 所示为通用汽车手动变速器上的空档位置传感器。

安装在换档机构上的空档位置传感器

图 4-2-7　手动变速器上的空档位置传感器

空档位置传感器主要由止动装置、触发信号杆和传感元件三大部分构成，如图 4-2-8 所示。

（1）止动装置

位于传感器的末端，由一个滚动的钢球和支座构成。钢球与变速器换档轴上的凸起相接触。当施加给钢球纵向力时，钢球将把力通过支座传递至触发信号杆。

（2）触发信号杆

一端连接在止动装置的支座上，另一端是带有磁性的触发信号端。上下移动的触发信号杆向传感元件提供变化的磁场。

（3）传感元件

将霍尔元件以及信号处理电路集成在一起，根据触发信号杆提供的磁场，处理并输出脉宽调制（PWM）信号。

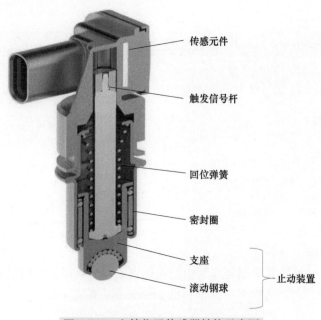

传感元件

触发信号杆

回位弹簧

密封圈

支座

滚动钢球

止动装置

图 4-2-8 空档位置传感器结构示意图

5. 其他部件

自动起停技术可以在已有车型技术的基础上，加强蓄电池、起动机的耐久寿命，增加传感器，对 ECM 重新进行控制策略开发和数据标定，来实现发动机快速的起停。此外，为配合整车起停系统，还需要新增部件，见表 4-2-2。

表 4-2-2 起停系统新增部件

序号	部件名称	说明
1	蓄电池传感器	检测电池电量、状态，作为起停判断条件
2	制动真空度传感器	布置在真空助力器壳体上，实时检测制动真空度，作为起停判断条件，保证制动安全
3	起停开关	对离合信号、空档信号进行处理，驱动传动链状态继电器
4	起停主开关	硬线开关，起停的使能条件，EMS 软件判断开关状态，自动复位开关，常态为关闭状态，按下导通
5	离合器传感器	需要离合器主缸变更，增加非接触式传感器，2 路输出，作为传动链状态

引导问题 2 **自动起停系统是如何工作的?**

在运行起停系统时，控制模块主要是通过对整车安全状态（4 门与机舱盖开闭状态等）、变速器档位状态、蓄电池电量、制动真空度、空调请求、行驶工况来判断是否怠速停机或起动。

例如，在手动变速器车型中，怠速停机判断流程如图 4-2-9 所示，起停功能开启，车辆处于怠速时，ECM 将对整车状态进行判断，在 4 门和机舱盖关闭、电池电量高于 50%、制动真空度高于设定值、起动机热状态满足限值、发动机冷却液温度在范围内、空调请求和车内温度满足条件（10℃ < 车内温度 < 33℃）、坡度小于 2° 时，发动机执行自动停机。停机过程中，若整车状态出现任一条件不满足或驾驶人踩下离合器踏板，则发动机自动起动。

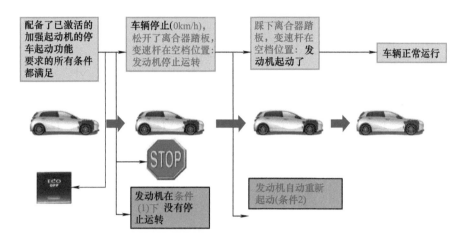

图 4-2-9　手动变速器车辆起停判断流程

（1）发动机自动停机条件

主要包括以下方面（不同车型参数会有不同，以下参数仅供参考）。

- 外部温度低于 −5℃或者高于 35℃。
- 发动机冷却液温度没有达到起停系统运行最低温度（最低温度和外界温度有关）。
- 车速超过一定的门槛值（1~3km/h）。
- 使用点火开关首次起动之后未超过 10km/h（未激活起停系统）。
- 蓄电池温度不符合要求（低于 −5℃高于 60℃）。
- 与驾驶人请求不一致的驾驶舱温度。
- 制动系统真空储备不足。
- 电子助力转向状态不符合要求（转角过大等）。
- 驾驶人侧的车门打开了。
- 驾驶人没系安全带。
- 不在空档且离合器踏板在运行（手动变速器）。
- 不在空档且没有踩下制动踏板停车（自动变速器）。
- 通过 ECO OFF 按钮关闭了自动起停功能。
- 动态稳定性能控制系统调节之后 2s 内。
- 激活了智能泊车辅助功能。
- 自上次重起后未超过 2s 时间。
- 坡度的倾斜度上坡坡度超过 12%，下坡坡度超过 10%。
- 蓄电池充电状态不足（指令带起停功能的蓄电池充电状态值在 72% 和 77% 之间变化）。

（2）发动机自动重新起动条件

包括以下方面：

- 通过 ECO OFF 按钮关闭了自动起停功能。
- 在激活了智能泊车辅助功能之后。
- 车速超过一定的门槛值（1~3km/h）。
- 与驾驶人请求不一致的驾驶舱温度（对于自动空调，相差大于 3℃，随外界温度变化）。

- 制动系统真空储备不足。
- 在起动倒车之后（自动变速器）。
- 在检查到一个故障之后。
- 驾驶人座椅安全带未系紧。
- 电子助力转向状态发生改变。
- 驾驶人侧的车门打开了。
- 蓄电池充电状态不足。
- 风窗玻璃除霜/除雾。
- 空调请求。

三、任务实施

1. 实施要求

本操作任务主要完成自动起停系统的结构认识与检测。

1）自动起停系统新增部件识别。

2）自动起停系统检测。

2. 实施准备

1）防护装备。

2）车辆、台架、总成：手动、自动变速器的带自动起停系统的车辆。

3）专用工具、设备：故障诊断仪、万用表。

4）手工工具。

5）辅助材料。

3. 实施步骤

根据"获取信息"的相关内容，进行实训车辆自动起停系统结构认识与检测。

! **警告：** 确保车辆及人身安全!

（1）自动起停系统新增部件识别

1）以实训车辆为例，在车辆中查找到以下起停系统相关部件，并标注在下列车辆示意图上。

-AGM 蓄电池

- 蓄电池传感器

- 起停开关

- 增强型起动机及控制继电器

- 空档位置传感器（手动变速器）

-DC/DC 变换器（如配置）

- 前机舱盖开关

- 制动真空度传感器

- 制动踏板位置传感器

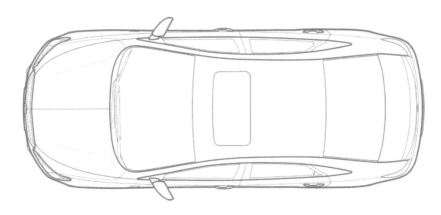

2）参考对应车型维修资料，查找以下部件插接器端子数量及含义并填入下表。

序号	名称	端子数量	针脚含义
1	蓄电池传感器		
2	空档位置传感器		
3	前机舱盖开关		
4	制动踏板位置传感器		
5	DC/DC 变换器（如配置）		

（2）利用诊断仪器读取实训车辆的数据流，分析自动起停系统数据，并说明其含义

在诊断发动机起停功能不能正常工作时，可以通过诊断仪中发动机自动起动 / 停止数据列表（图 4-2-10）查看导致发动机不能正常停机的原因，包括机舱盖开关、蓄电池电量等。针对车辆不能正常起停的故障，首先应该查找到该数据，再根据起停系统的控制原理分析可能导致发动机不能正常起动、自动停机的原因。

参数名称	控制模块	数值	单位
倒车开关	发动机控制模块	关闭	
离合器踏板开关	发动机控制模块	已应用	
离合器踏板起动器抑制开关	发动机控制模块	关闭	
空调请求信号	发动机控制模块	否	
空调压缩机运行	发动机控制模块	不允许	
刹车倍力器压力传感器	发动机控制模块	101.11	千帕
车速传感器	发动机控制模块	0	公里/小时
发动机运行时间	发动机控制模块	00:05:19	
发动机罩位置	发动机控制模块	开路	
停止/起动禁用模式	发动机控制模块	不活动	
系统关闭	发动机控制模块	否	

图 4-2-10 诊断仪起停数据列表界面

四、任务考核

目标		考核题目	得分
知识目标	1	1)（判断）自动起停系统主要包含发动机控制模块、起停主开关、空档位置传感器（或开关）、离合器踏板位置传感器（或开关）、AGM 低压蓄电池、电池传感器、增强型起动机、仪表显示等。（　　）	
		2)（单选）智能起停技术的核心控制由（　　）完成。 A.EBD　　B.ESP　　C.ABS　　D.ECM	
		3)（判断）起停控制策略由 ECM 集中控制，为了确保发动机停机和起动的安全性和舒适性。ECM 根据整车传感器和相关电器模块发出的状态信号来控制发动机起动／停机。（　　）	
	2	1)（判断）在运行起停系统时，控制模块主要是通过对整车安全状态（4 门与机舱盖开闭状态等）、变速器档位状态、蓄电池电量、制动真空度、空调请求、行驶工况来判断是否怠速停机和起动。（　　）	
		2)（单选）不属于发动机自行停机的条件是（　　）。 A. 驾驶人侧的车门打开了　　　　B. 蓄电池的温度为 30℃ C. 驾驶人侧的没有系安全带　　　D. 电子助力转向状态不符合要求（转角过大等）	
		3)（单选）不属于发动机自动重新起动的条件是（　　）。 A. 检查到一个故障之后　　　B. 驾驶人安全带未系紧 C. 驾驶人侧的车门打开了　　D. 蓄电池已充满电	
技能目标	1	1)（单选）装备自动起停系统的发动机需要频繁起动，因此对起动机的耐久寿命提出了更高的要求。智能起停系统要求起动机耐久寿命由非起停车辆的 3.5 万次提高到（　　）万次以上。 A.10　　B.20　　C.30　　D.40	
		2)（判断）普通的铅酸蓄电池适用于目前智能起停系统的车辆。（　　）	
		3)（判断）在配置有起停系统的手动变速器车辆中，使用到了一种新型的空档位置传感器来精确检测变速器是否处于空档位置，从而参与发动机的起停控制。（　　）	
	2	1)在诊断发动机起停功能不能正常工作时，可以通过诊断仪中的发动机自动起动／停止数据列表，查看导致发动机不能正常停机的原因，包括机舱盖开关、蓄电池电量等。（　　）	
总分：　　　　分			
教师评语：			

新能源汽车车载网络与互联网系统

项目描述

作为集新技术一体的新能源汽车，都采用了车载局域网络和互联系统。本项目介绍新能源汽车车载局域网络和车载互联系统的相关知识，包含以下两个任务。

任务一：新能源汽车车载局域网络系统认知与检修。

任务二：新能源汽车车载互联网系统认知与应用。

通过以上两个任务的学习，掌握新能源汽车车载局域网络及车载互联网系统的功能、类型和结构原理，并能进行应用及检修。

任务一　新能源汽车车载局域网络系统认知与检修

学习目标

◎ 知识目标

1. 能够描述车载局域网络系统的功能和结构组成。

2. 能够描述车载局域网络系统的工作原理。

3. 能够描述典型新能源汽车车载局域网络系统的特点。

4. 能够描述典型新能源汽车车载局域网络系统的检修方法。

◎ 技能目标

能够进行车载局域网络系统的检修。

一、任务导入

一辆纯电动汽车采用诊断仪读取故障码时，诊断仪不能与车辆所有的控制模块通信，你知道问题出在哪里吗?

二、获取信息

 **为什么要采用车载局域网络系统? 车载局域网络系统由哪些部分组成?**

1. 车载局域网络系统的功能

随着汽车技术的不断发展，对汽车各方面的性能要求越来越高。人们在追求车辆动力性和操控性的同时，对舒适性和安全性也提出了更高的要求。自 20 世纪 90 年代以来，随着集成电路在汽车上的广泛应用，汽车上的电子控制系统越来越多，例如电子燃油喷射装置、防抱死制动装置、安全气囊装置、电动门窗装置、主动悬架等。各种电子控制系统的导入和应用使汽车的各项功能更加完善，控制更加精确和灵活，智能化程度也不断提升。然而，功能的日益增加和完善使车载电子控制模块的数量以惊人的速度增加。与此同时，各电子控制模块之间的数据交换也随之增加。

传统的数据交换形式是通过模块间专设的导线完成点对点的通信。数据量的增加必然导致车身线束的增加。庞大的车身线束不仅增加了制造成本，而且还占用空间，提高了整车质量。线束的增加还会使因线束老化而引起电气故障的可能性大大提高，降低了系统的可靠性。

解决这个问题的关键就是利用计算机网络技术，将车载控制模块通过车载网络连接起来，实现数据信息的高效传输。车载网络形式多种多样，目前应用最为广泛的是控制器局域网络（Controller Area Network），即所谓的 CAN BUS 系统。

控制器局域网络是德国博世公司在 20 世纪 80 年代初为汽车行业开发的一种具有很高保密性、有效支持分布式控制或实时控制的串行数据通信总线。CAN 的应用范围遍及从高速网络到低成本的多线路网络。在自动化控制领域、发动机控制部件、传感器、防滑系统等应用中，CAN 的位速率可高达 1Mbit/s。同时，它也可以廉价地运用于汽车电气系统中，如灯光、电动车窗等，可以替代所需要的硬件连接。

按照 ISO 有关部门规定，CAN 拓扑结构为线性总线式，所以也称 CAN 总线。最初推出的 CAN 总线为 1.0 版，1990 年推出 1.2 修订版，1991 年又推出 CAN 总线 2.0 版。目前 CAN 总线不但已经成为汽车总线的主要规范，而且被公认为最有前途的几种工业总线之一，已由 ISO TC22 技术委员会批准为国际标准，是唯一被批准为国际标准的总线。1993 年国际 CAN 用户及制造商组织（简称 CIA）在欧洲成立，主要作用是解决 CAN 总线实际应用中的问题，提供 CAN 产品及其开发工具，推广 CAN 总线的应用。

传统数据传输系统与 CAN BUS 系统的对比如图 5-1-1 所示。

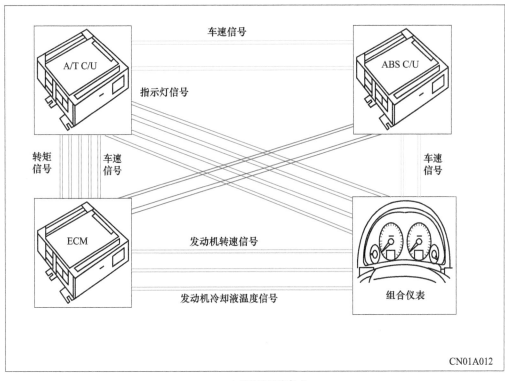

a) 传统的通信方式

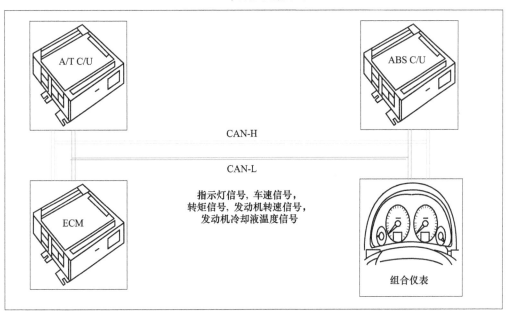

b) CAN通信方式

图 5-1-1 传统数据传输系统与 CAN BUS 系统的对比

图 5-1-1a 所示代表传统布线及信息传递方式。发动机控制单元与自动变速器控制单元以独立的数据专线传递各种信息，如发动机转速、节气门位置、变速器干预、升降档信息等。

而图 5-1-1b 所示则采用 CAN BUS 数据总线进行信息传递，所有信息都通过两根数据线进行传递。各控制单元之间的所有信息都通过两根数据线进行交换，相同的数据只需在数据系统中传递一次。通过该种数据传递形式，所有的信息不受控制单元的多少和信息容量的大小限制，都可以通过这两条数据线进行传递。如图 5-1-2 所示，类似于公共汽车可以运输大量乘客，CAN 数据总线可以以高效率实现大量的数据信息传输。

因此，与传统数据传输方式相比，CAN数据总线具有如下优点。

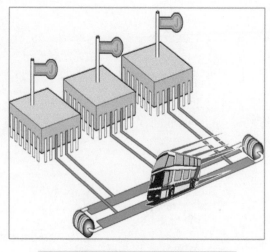

图 5-1-2　CAN BUS 总线系统示意图

（1）数据传输速度快

数据传输能以较快的速度进行，最快速度达到 1Mbit/s。

（2）系统可靠性高

系统能准确识别数据传输故障（不论是由内部还是外部引起的）；具有较强的抗干扰和应急运行能力，如能以单线模式工作（出于安全因素，正常情况下双线同时工作）。

（3）减少线束，降低成本

通过减少车身线束降低了制造成本，同时又节省了空间，降低了整车质量。

（4）系统配置更加灵活便利

若需对系统进行功能增减或配置更改时，只需进行较少的改动，如对相应控制模块进行软件升级等。

（5）高效率诊断

通过网络实现对网络中各系统的高效诊断，大大减少了诊断扫描所需的诊断线束。

2. 车载局域网络系统的组成

CAN BUS 数据总线系统主要由控制器、收发器、终端电阻和传输线等组成。除数据传输线外，其他元件都置于控制单元内部，如图 5-1-3 所示。

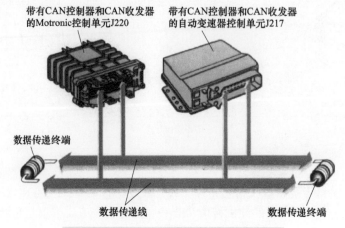

带有CAN控制器和CAN收发器的Motronic控制单元J220　带有CAN控制器和CAN收发器的自动变速器控制单元J217

数据传递终端

数据传递线　　数据传递终端

图 5-1-3　CAN BUS 数据总线系统的组成

控制器的作用是接收控制单元中微处理器发出的数据、处理数据并传给 CAN 收发器；同时 CAN 控制器也接收收发器收到的数据、处理数据并传给微处理器。

收发器由一个发射器和一个接收器组合而成，其作用是将从控制器接收的数据转换成能够通过 CAN BUS 传递的电信号，并能双向传递。

终端电阻是一个电阻器，每个电阻值为 120Ω，其作用是防止信号在传输过程中因回波反射造成对信号的叠加，从而使信号产生失真，影响数据的正常传输。

数据传输线又称为通信介质或媒体，常用通信传输介质有电话线、同轴电缆、双绞线、光导纤维电缆、无线与卫星通信信道等。如图 5-1-4 所示，传输线通常是 CAN 数据总线用以传输数据的双向数据线，分为 CAN 高位（CAN-H）和低位（CAN-L）数据线。CAN 总线数据没有指定接收器，数据通过数据总线同时发送给各控制单元，各控制单元接收后进行对数据的分析、判断和计算。为了防止外界电磁波干扰和向外辐射，CAN 总线采用两条线缠绕在一起的双绞线；两条线上的电位是相反的，如果一条线的电压是 5V，另一条线就是 0V，两条线的电压总和等于常值。因此，CAN 总线得到保护而免受外界电磁场干扰，同时 CAN 总线向外辐射也保持中性，即无辐射。

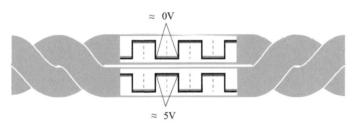

图 5-1-4 数据传输线

由于汽车上通常采用多种总线将控制单元连接成网络，而不同总线之间无法直接相互传递数据，而是通过网关将不同总线互联（图 5-1-5）。网关是汽车内部网络通信的核心，通过它可以实现各种总线上模块之间信息的共享以及汽车内部的网络管理和故障诊断功能。

各个控制单元利用双绞线分别连接在 CAN BUS 系统的舒适总线、驱动总线上，通过网关"翻译"，将舒适总线与驱动总线之间的信息传输速率和识别代号进行转换，从而实现信息的可靠、迅速和实时传输，完成控制单元对相应模块功能的控制。

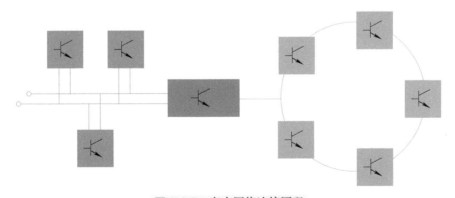

图 5-1-5 车内网络连接原理

引导问题 2　　　车载局域网络系统是如何工作的?

1. 车载局域网络系统的连接类型

（1）总线类型

目前汽车行业最广泛采用的是 CAN 总线和局部连接网（Local Interconnect Network，LIN）总线两种总线类型。CAN 总线是一种多主方式的串行通信总线，而 LIN 总线是一种辅助的串行通信总线网络，为汽车网络（如 CAN 总线）提供辅助功能。在一些相对简单的汽车中，LIN 总线的使用可大大节省成本。与 CAN 总线不同，LIN 总线采用单主控制器 / 多从设备的模式。

（2）网络连接形式

如图 5-1-6 所示，网络连接的形式一般有五种，分别为网状连接、星形连接、环形连接、总线连接以及串行连接；而总线网络连接形式在汽车上应用较为广泛。

车载网络系统采用了 CAN 总线形式和总线型网络连接形式，从而构成了 CAN BUS 网络通信系统。CAN BUS 系统中包含多个控制单元，这些控制单元通过内部收发器（发射 - 接受放大器）并联在总线导线上，因此各控制单元的地位均相同，没有任何控制单元享有特权，在这个意义上称之为多主机结构。

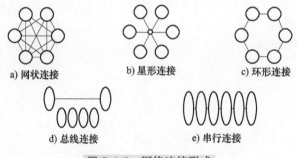

图 5-1-6　网络连接形式

2. 车载局域网络系统的信息交换

各个控制单元之间进行交换的数据称为信息，每个控制单元均可发送和接收信息。信息交换是按照顺序来连续完成的。

（1）信息的表示方法

信息包含在控制单元之间传递的各种物理量中，如发动机转速，并以二进制数（一系列 0 和 1）来表示。

如图 5-1-7 所示，CAN BUS 传递的每个信息都是通过二进制编码来表示的。信息越简单，信息结构越短；信息越复杂，信息结构越长。信息结构越长，表达的信息量越大，信息结构长度每增加一位（1bit），其表达的信息量便可增加 1 倍，信息结构最大长度 108bit。例如表示压缩机的状态，只有接通和断开两种状态，可以用信息结构为 1 位（或 1bit）的方式表达。当描述中控锁状态时，中控锁状态可分为开锁、锁车、安全锁和非安全锁共四种状态，用信息结构为 1 位（或 1bit）的方式就不能全部表达，必须用信息结构为 2 位（或 2bit）的方式表达。而表示发动机温度值 0~127.5℃，则必须用信息结构为 8 位（或 8bit）的方式表达。

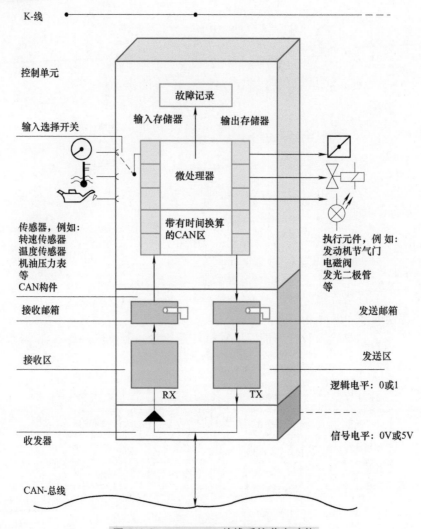

图 5-1-9　CAN BUS 总线系统节点功能

（1）K-线

K-线用于在 CAN BUS 系统自诊断时连接检测仪。

（2）控制单元

控制单元接收来自传感器的信号，将其处理后再发送到执行元件上。

控制单元中包含两个重要构件：微处理器和 CAN 存储区。微处理器有输入输出存储器和程序存储器。控制单元接收到的传感器值（如发动机温度或转速）会被定期查询并按顺序存入输入存储器。微处理器按事先规定好的程序来处理输入值，处理后的结果存入相应的输出存储器内，然后到达各个执行元件。而 CAN 存储区主要用于容纳接收到的和要发送的信息。

（3）CAN 构件

CAN 构件用于数据交换，分为两个区：一个是接收区，一个是发送区。通过接收邮箱或发送邮箱与控制单元相连，该构件一般集成在控制单元的微处理器芯片内。

（4）收发器

如图 5-1-10 所示，收发器是一个发送-接收放大器，它把 CAN 构件连续的比特流（逻辑电平）转换成电压值（线路传输电平），或者通过收发器把电压值转换成比特流。这个电压值适合铜导线上的信息传输。收发器通过 TX- 线（发送导线）或 RX- 线（接收导线）与 CAN 构件相连。RX- 线通过一个放大器直接与 CAN 总线相连，总在监听总线信号。

如图 5-1-11 所示，收发器的一个特点就是 TX- 线与总线的耦合，这个耦合过程是通过一个断路式集流器电路来实现的。所以，总线导线上就会出现两种状态：一种状态（状态 1），晶体管截止状态（开关未接合），总线电平等于 1，无源；另一种状态（状态 0），晶体管导通状态（开关已接合），总线电平等于 0，有源。由此，将无源的总线电平称为隐性电平，有源的总线电平称为显性电平。

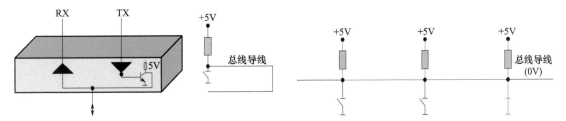

图 5-1-10 收发器内部示意图 图 5-1-11 三个收发器耦合在一根总线导线上

如果某一开关已接合，电阻上就有电流流过，于是总线导线上的电压就为 0。如果所有开关均未接合，那么就没有电流流过，电阻上就没有压降，于是总线导线上的电压就为 5V。

因此，若总线处于状态 1（无源），那么此状态可以由某一个控制单元使用状态 0（有源）来改写。

（5）网关

如图 5-1-12 所示，由于不同区域 CAN BUS 总线的速率和识别代号不同，因此某一信号要从一个总线进入到另一个总线区域，必须把此信号的速率和识别代号进行改变，能够让另一个系统接受，这个任务由网关（Gateway）来完成。

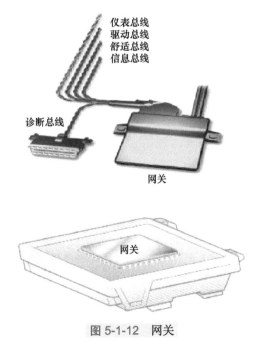

图 5-1-12 网关

4. 车载局域网络系统的信息传输过程

（1）CAN 信息的结构原理

如图 5-1-13 所示，CAN BUS 所传递的每个完整信息分别由开始域、状态域、检查域、数据域、安全域、确认域和结束域所构成。

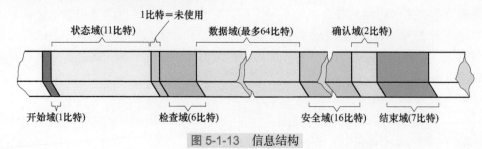

图 5-1-13　信息结构

1）开始域。

标志数据开始。带有大约 5V 电压（由系统决定）的 1 位，被送入高位 CAN 线；带有大约 0V 电压的 1 位被送入低位 CAN 线。此外，还用于确定与其他节点硬件的同步。

2）状态域。

该区包括 11 位，用于标识数据的内容，判定数据中的优先权，低值标识符代表数据的较高级优先顺序。如果两个控制单元都要同时发送各自的数据，那么，具有较高优先权的控制单元优先发送。例如包括发动机冷却液温度信息的数据和车辆打滑信息的数据相比，后者通常具有更低值的标识符，具有优先发送的权利。

3）检查域。

表示数据域中字节的数量。这样值 8，可以检查是否已经接收到所传递过来的所有信息。

4）数据域。

表示传递的信息所对应的数据，最多可达 64 位（8 字节）。在数据域中，信息被传递到其他控制单元。

5）安全域。

包括一个用于错误检测的 15 位数列和一个定界符位。发送数据和接收信息的控制单元用于检查和比较传递信息所发生的变化（检测传递数据中的错误）。

6）确认域。

包括隐性传输的空格位及通常为隐性的定界符位。在此，接收器发送信号通知发送器，接收器已经正确收到数据。若检查到错误，接收器立即通知发送器，发送器然后再发送一次数据。

7）结束域。

该区表示数据完成，它通常包括 7 位隐性位。表示该信息数据传递结束，这里是显示错误并重新发送数据的最后一次机会。

（2）CAN 总线的标准、协议

1）网络协议。

网络由使用的电子语言来识别。控制模块必须"使用和解读"相同的电子语言，这种电子语言称为协议。

① J1850 标准企业协议。

J1850 是美国汽车的车内联网标准，包含了两个不兼容的规程。通用汽车公司和克莱斯勒汽车公司采用 10.4kbit/s 可变规程的类似版本，在单根线的总线上进行通信；福特汽车公司采用 46.1kbit/s 的脉冲宽度调制（Pulse Width Modulation，PWM），在双线的差分总线上进行通信。

②J1939 协议。

J1939 是一种以 CAN 2.0 为网络核心、支持闭环控制的在多个 ECU 之间高速通信的网络协议。

2）网络标准。

目前存在多种汽车网络标准，其侧重的功能有所不同。为方便研究和设计应用，美国机动车工程师学会（Society of Automotive Engineers，SAE）车辆网络委员会将汽车数据传输网划分为 A、B、C 三类。A 类是面向传感器/执行器控制的低速网络，数据传输位速率通常小于 10kbit/s，主要用于电动后视镜、电动窗、灯光照明等控制；B 类面向独立模块间数据共享的中速网络，位速率在 13~125 kbit/s，主要应用于车身电子舒适性模块、仪表显示等系统；C 类面向高速、实时闭环控制的多路传输网，位速率在 125kbit/s~1Mbit/s 之间，主要用于牵引力控制、发动机控制、ABS 等系统。

①A 类总线标准、协议。

A 类的网络通信大部分采用通用异步接收/发送装置（Universal Asynchronous Receiver/Transmitter，UART）标准。UART 使用起来既简单又经济，但随着技术的发展，预计在今后几年中将会逐步在汽车通信系统中被停止使用。

目前，A 类首选的标准是 LIN。LIN 是用于汽车分布式电控系统的一种新型低成本串行通信系统。它是一种基于 UART 的数据格式、主从结构的单线 12V 的总线通信系统，主要用于智能传感器和执行器的串行通信，而这正是 CAN 总线的带宽和功能所不要求的部分。由于目前尚未建立低端多路通信的汽车标准，因此 LIN 正试图发展成为低成本的串行通信的行业标准。

②B 类总线标准、协议。

B 类的网络通信采用的是 ISO 11898 标准，传输速率在 100kbit/s 左右的 CAN 总线。

CAN 总线通信接口中集成了 CAN 协议的物理层和数据链路层功能，可完成对通信数据的成帧处理，包括位填充、数据块编码、循环冗余检验、优先级判别等项工作。

CAN 协议的最大特点是废除传统的站地址编码，实行对通信数据块进行编码，最多可标识 2048（2.0A）个或 5 亿（2.0B）多个数据块。采用这种方法可使网络内的节点个数在理论上不受限制。数据段长度最多为 8 个字节，不会占用总线时间过长，从而保证了通信的实时性。CAN 协议采用循环冗余码校验（Cycling Redundancy Check，CRC）并可提供相应的错误处理功能，保证了数据通信的可靠性。以往广泛适用于美国车型的 J1850 正逐步被基于 CAN 总线的标准和协议所取代。

③高速总线系统标准、协议。

由于高速总线系统主要用于与汽车安全相关，以及实时性要求比较高的地方（如动力系统），所以其传输速率比较高。根据传统的 SAE 的分类，该部分属于 C 类总线标准，通常在 125kbit/s~1Mbit/s 之间，必须支持实时的周期性的参数传输。

目前，随着汽车网络技术的发展，未来将会使用到具有高速实时传输特性的一些总线标准和协议，包括采用时间触发通信的 X by Wire 系统总线标准和用于安全气囊控制和通信的总线标准、协议。

1）C 类总线标准、协议。在 C 类标准中，欧洲的汽车制造商基本上采用的都是高速通信的 CAN 总线标准 ISO 11898。而 J1939 供货车及其拖车、大客车、建筑设备以及农业设备使用，是用来支持分布在车辆各个不同位置的电控单元之间实现实时闭环控制功能的高速通信标准，其数据传输速率为 250kbit/s。在美国，通用汽车公司已开始在所有的车型上使用其专属的所谓 GMLAN 总线标准，它是一种基于 CAN 的传输速率在 500kbit/s 的通信标准。

2）安全总线和标准。安全总线主要用于安全气囊系统，以连接加速度传感器、安全传感器等装置，为被动安全提供保障。目前已有一些公司研制出了相关的总线和协议，包括德尔福公司的 Safety Bus 和宝马公司的 Byteflight 等。

3）X by Wire 总线标准、协议。X by Wire 最初用在飞机控制系统中，称为电传控制，现在已经在飞机控制中得到广泛应用。由于目前对汽车容错能力和通信系统的高可靠性的需求日益增长，X by Wire 开始应用于汽车电子控制领域。在未来的 5~10 年里，X by Wire 技术将使传统的汽车机械系统（如制动和驾驶系统）变成通过高速容错通信总线与高性能 CPU 相连的电气系统。目前，这一类总线标准主要有 TTP、Byteflight 和 Flex Ray。

（3）数据传输过程

1）发送过程。

如图 5-1-14 所示，发动机控制单元的传感器接收到转速值。该值以固定的周期（循环往复地）到达微处理器的输入存储器内。由于瞬时转速值还用于其他控制单元（如组合仪表），所以该值应通过 CAN 总线来传递。于是转速值就被复制到发动机控制单元的发送存储器内。该信息按协议被转换成 CAN 的特殊格式从发送存储器进入 CAN 构件的发送邮箱内。如果发送邮箱内有一个实时值，那么该值会由发送特征位（举起的小旗）显示出来。将发送任务委托给 CAN 构件，发动机控制单元就完成了此过程中的任务。

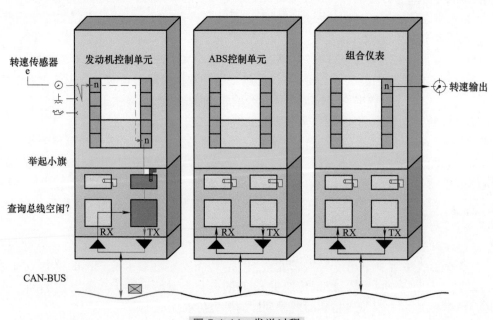

图 5-1-14 发送过程

如图 5-1-15 所示，CAN 构件通过 RX- 线来检查总线是否有源（是否正在交换别的信息），必要时会等待，直至总线空闲下来为止。如果总线空闲下来（某一时间段内的电平 1，无源），发动机信息就会被发送出去。

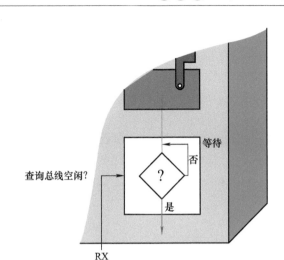

图 5-1-15　总线空闲查询

2）接收过程。

接收过程分为两步：第一步，检查信息是否正确（在监控层）；第二步，检查信息是否可用（在接受层）。

发送器在发送每个信息时，所有数据位会产生并传递一个 16 位的校验和数；所有连接的装置都接收发动机控制单元发送的信息（广播），并通过监控层内的 CRC 校验和数来确定是否有传递错误，同时接收器按同样的规则从所有已经接收到的数据位中计算出校验和数。随后接收到的校验和数与计算出的校验和数进行比较，检查这些信息是否正确，如图 5-1-16 所示。

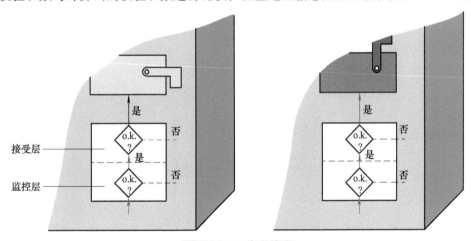

接受层

监控层

图 5-1-16　信息检查

如果确定信息无传递错误，则连接在 CAN 总线上的所有装置均给发射器一个确认回答，即"信息收到符号"（Acknowledge，简写为 Ack），它位于校验和数后。

已接收到的正确信息将会到达相关 CAN- 构件的接收区。在接收区来决定该信息是否用于完成各控制单元的功能。如果不是，该信息就被拒绝；如果是，该信息就会进入相应的接收邮箱。

连接的组合仪表则根据升起的"接收旗"判断出现一个信息（如转速）在排队等待处理。组合仪表调出该信息并将相应的值复制到输入存储器内。在组合仪表内，转速经微处理器处理后到达执行元件并最后到达转速表。这个信息交换过程按设定好的循环时间（例如每 10ms）在持续地重复进行。于是，通过 CAN- 构件发送和接收信息的过程结束。

（4）CAN BUS 系统信息传输的优先权判定

如果多个控制单元同时向总线发送信息，那么数据总线上必然会发生数据冲突。为了避免发生这种情况，CAN 总线是通过识别各个控制单元发送信息时的标识符来判定信息传输顺序的。

1）信息传输顺序原则。

由于 CAN BUS 数据总线在同一时刻只允许一个数据传递，如果多个控制单元要同时发送各自的数据，系统将根据数据的优先级别来确定具有更高优先权的数据进行优先发送。例如基于安全考虑，由 ABS 控制单元提供的数据比自动变速器控制单元提供的数据（驾驶舒适）更重要，因此具有优先权。

2）数据传递的优先权判定方法。

发送隐性电位的控制单元，若检测到一个显性电位，那么该控制单元停止发送转为接收。如果一个控制单元向外发送高电位（用"0"表示），而同时另一个控制单元向外发送低电位（用"1"表示），则数据传输线将体现高电位（用"0"表示）。

下面以发动机、ABS、变速器控制单元同时发送数据为例来介绍 CAN BUS 系统是如何处理信息传输冲突的。

如图 5-1-17 所示：

发动机控制单元将要发送"0010 1000 000"数据。

变速器控制单元将要发送"0100 0100 000"数据。

ABS 控制单元将要发送"0001 1010 000"数据。

第一位：三者都向外发送"0"，数据传输线上也体现为"0"。

第二位：自动变速器控制单元准备向外发送"1"，但另外两个控制单元向外发送"0"，则数据传输线为"0"。自动变速器控制单元发送了一个低电位（用"1"表示），而检测到一个高电位（用"0"表示），那么自动变速器控制单元将失去优先权而转为接收状态。

第三位：发动机控制单元准备向外发送"1"，但 ABS 向外发送"0"，则数据传输线为"0"。发动机控制单元发送了一个低电位（用"1"表示），而检测到一个高电位（用"0"表示），则发动机控制单元将失去优先权而转为接收状态。

ABS 控制单元拥有最高优先权，从而接管了数据总线的控制权，该优先权保证其持续发送数据直至发送结束。ABS 控制单元结束发送数据后，其他控制单元根据其优先权的高低，再依次发送各自的数据。

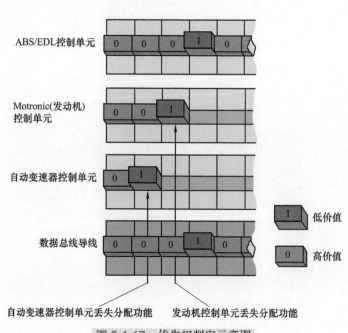

图 5-1-17　优先权判定示意图

（5）CAN BUS 系统信息传输波形

图 5-1-18 所示为 CAN 数据总线信息传输信号波形。用以传输数据的 CAN 数据总线采用双向数据线，分为 CAN 高位（CAN-H）和低位（CAN-L）。CAN 高位和低位数据线的信号电压为相互对称分布。当 CAN 高位数据线电压为 5V 时，CAN 低位数据线电压为 0；而当 CAN 高位数据线电压为 0 时，CAN 低位数据线电压为 5V。

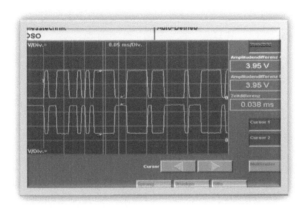

图 5-1-18　CAN BUS 信息传输波形图

引导问题 3　　　**典型新能源汽车车载局域网络系统有什么特点？**

以下介绍典型新能源汽车车载局域网络系统的特点。

1. 比亚迪 E6 车身 CAN 总线系统

比亚迪 E6 车身 CAN 网络传输技术采用多路传输的技术原理。多路传输系统是多个模块完成某一特定功能的电路或装置，可以在同一通道或线路上同时传输多条信息。图 5-1-19 所示是比亚迪专用的数据总线，图 5-1-20 所示的是比亚迪数据总线多路传输示意图。

图 5-1-19　比亚迪专用数据总线

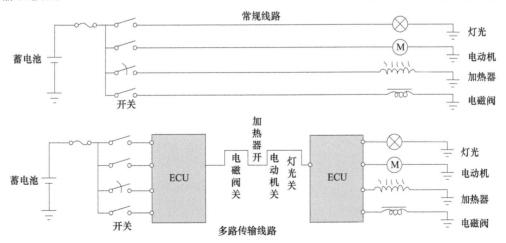

图 5-1-20　比亚迪数据总线多路传输示意图

比亚迪 E6 CAN BUS 系统拓扑图如图 5-1-21 所示。

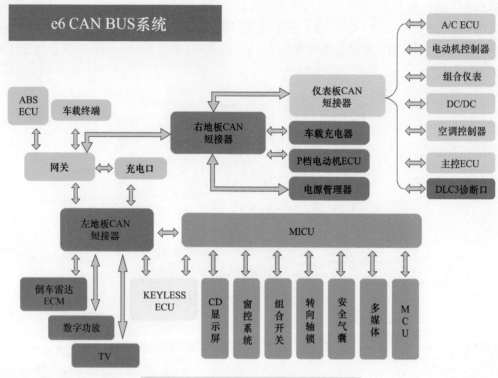

图 5-1-21　比亚迪 CAN BUS 系统拓扑图

2. 荣威 E50 CAN 总线系统

荣威 E50 采用智能整车控制系统。上汽集团与博世公司合作开发的 VCU 智能整车控制器，拥有 20 多个 ECU 控制单元，集成国际先进水平的 CAN BUS 系统，能有效提高外控制器之间的传输速度，从而保证系统的稳定与安全性。CAN BUS 管理系统主要包括动力系统与底盘管理总线、OBD2 数字诊断管理总线、多媒体管理总线以及车身管理总线，如图 5-1-22 所示。

图 5-1-22　荣威 VCU 智能整车控制器

 **引导问题 4** **车载局域网络系统出现故障如何进行检修？**

车载局域网络系统的故障特点和检修方法如下。

1. 故障诊断工具

进行车载网络系统的检修，需要以下诊断工具。

（1）诊断设备

能进行 CAN 数据总线故障检测的诊断仪器（含原厂仪器、通用型仪器）。

（2）检测设备

汽车专用万用表、示波器等。

（3）技术资料

相关车型车载网络系统结构图、线路图。

2. 车载网络系统的故障种类和故障部位

（1）全部控制单元不能和诊断仪器通信

故障可能部位：诊断接头、BUS 线、网关。

（2）部分或某个控制单元不能和诊断仪器通信

故障可能部位：诊断接头、BUS 线、控制单元。

（3）控制单元记忆系统相关的故障码

故障可能部位：BUS 线、控制单元。

（4）采用 CAN 系统控制的功能故障

故障可能部位：BUS 线、控制单元、相关元件。

3. 车载网络系统的故障现象

（1）断路或短路故障

断路：总线上无电压。

对正极短路：总线上无电压变化，总线电压 = 蓄电池电压。

对地短路：总线上无电压变化，总线电压 = 0V。

原因可能是：

① 导线中断。

② 导线局部磨损。

③ 线束连接损坏 / 触头损坏 / 污垢、锈蚀。

④ 控制单元损坏或控制单元供电故障。

（2）控制单元故障

干扰总线系统的控制单元：该故障可能由于软件引起。

故障现象：由电码干扰而导致的功能无法执行或功能异常。

确定干扰总线系统的控制单元：

① 依次取下每根总线上连接的控制单元熔丝。

② 每脱开一个控制单元后，重复总线测试。

③ 如果在脱开某个控制单元后数据传送重新正常，则表明该控制单元干扰了数据交换。

④ 可更换相关的控制单元。

4. 总线维修

如图 5-1-23 所示，拆开在损坏点处的缠绕线，对损坏点处进行维修。在维修时需注意：为了屏蔽干扰，尽可能少拆解缠绕节，并且维修点之间的距离应保持至少 100mm。

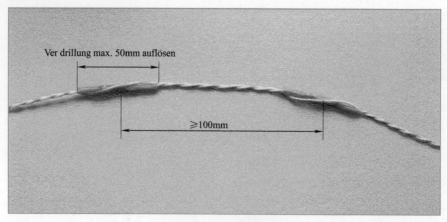

图 5-1-23　总线维修

三、任务实施

1. 实施要求

本操作任务主要完成车载局域网络系统的结构原理认知与检修。

1）车载局域网络系统结构原理认知。

2）车载局域网络系统终端电阻测量。

2. 实施准备

1）防护装备。

2）车辆、台架、总成：车载局域网络系统的示教版、新能源汽车整车。

3）专用工具、设备：万用表。

4）手工工具：组合拆装工具。

5）辅助材料。

3. 实施步骤

1. CAN 系统的结构原理认知

利用实训室车载局域网络的示教版，认识 CAN 系统的结构组成，描述其控制原理。

2. CAN 系统终端电阻的测量

1）找到诊断插头高和低端子。

如图 5-1-24 所示，查看诊断座 H 和 L 的端子序号（6 号端子为 H，14 号端子为 L）。

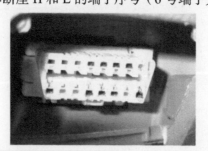

图 5-1-24　找到诊断插头高、低 CAN 端子

2）点火开关置于 ON 档。

3）万用表调至电阻档 200Ω。

4）如图 5-1-25 所示，两表笔分别连接高、低 CAN 端子（6 号和 14 号端子），测量 CAN 终端电阻，标准值为 60Ω 左右。

图 5-1-25　测量 CAN 总线电阻

四、任务考核

目标		考核题目	得分
知识目标	1	1）（判断）车载网络形式多种多样，目前应用最为广泛的是控制器局域网络（Controller Area Network），即所谓的 CAN BUS 系统。（　）	
		2）（多选）与传统数据传输相比，CAN 数据总线的优点有（　）。 A. 数据传输速度快　　　B. 系统可靠性高 C. 线束减少，成本降低　D. 高效率诊断	
		3）（判断）CAN 的应用范围很窄，主要运用在高速网络，例如在自动化领域、发动机控制、传感器等。（　）	
		4）（判断）CAN BUS 数据总线系统主要由控制器、收发器、终端电阻和传输线等组成。（　）	
	2	1）（判断）目前汽车行业最广泛采用的是 CAN 总线和 LIN 总线两种总线类型。（　）	
		2）（单选）网络连接的形式一般有（　）种。 A.4　　B.5　　C.6　　D.3	
		3）（单选）由于不同区域 CAN BUS 总线的速率和识别代号不同，因此某一信号要从一个总线进入到另一个总线区域，必须把此信号的速率和识别代号进行改变，能够让另一个系统接受，这个任务由（　）来完成。 A. 驱动总线　　B. 舒适总线　　C. 诊断总线　　D. 网关	
	3	1）（判断）比亚迪 E6 车身 CAN 网络传输技术采用多路传输的技术原理。多路传输系统是多个模块完成某一特定功能的电路或装置，可以在同一通道或线路上同时传输多条信息。（　）	
		2）（单选）荣威 E50 采用智能整车控制系统。上汽集团与博世公司合作开发的智能整车控制器，拥有（　）多个 ECU 控制单元，集成国际先进水平的 CAN BUS 系统，能有效提高外控制器之间的传输速度，从而保证系统的稳定与安全性。 A.10　　B.20　　C.30　　D.50	
	4	1）（单选）关于车载网络的检修，使用不到的工具是（　）。 A. 电路图　　B. 试灯　　C. 示波器　　D. 诊断仪	
		2）（判断）车载网络系统的故障现象主要分为短路、断路和控制单元故障。（　）	
		3）（判断）在维修总线时需注意：为了屏蔽干扰，尽可能少拆解缠绕节，并且维修点之间的距离应保持至少 100mm。（　）	
技能目标	1	1）（判断）通常诊断座 CAN-H 为 6 号端子，CAN-L 为 14 号端子。（　）	
		2）（单选）两表笔分别连接高、低 CAN 端子（6 号和 14 号端子），测量 CAN 终端电阻，标准值为（　）Ω 左右。 A.60　　B.80　　C.100　　D.120	

总分：　　　　分

教师评语：

任务二　新能源汽车车载互联网系统认知与应用

◎ 知识目标

　　1. 能够描述车载互联网系统的定义、功能和组成。

　　2. 能够描述车载互联网系统的实际应用。

　　3. 能够描述典型新能源汽车车载局域网络系统的特点。

　　4. 能够描述典型新能源汽车车载局域网络系统的检修方法。

◎ 技能目标

　　1. 能够正确介绍车载互联网系统的构成。

　　2. 能够进行车载互联网系统操作。

一、任务导入

　　你的客户需要你向她介绍新能源汽车的车载互联网系统的功能和使用方法，你能完成这个任务吗？

二、获取信息

引导问题 1 ▷　什么是车载互联网系统？车载互联网系统有什么功能？如何组成？

1. 什么是车载互联网系统

　　车载互联网系统也称"汽车物联网"，简称"车联网"，是一种汽车信息服务（Telematics），是通信技术（Telecommunication）与信息技术（Informatics）的有机结合，并以汽车为载体开展服务，解决人、车、路的有效协同。车联网系统利用装载在车辆上的电子标签通过无线射频

（RFID）等识别技术，实现在信息网络平台上对所有车辆的属性信息和静、动态信息进行提取和有效利用，并根据不同的功能需求对所有车辆的运行状态进行有效的监管和提供综合服务。

　　Telematics 是以无线语音、数字通信和卫星导航定位系统为平台，通过定位系统和无线通信网，向驾驶人和乘客提供交通信息、紧急情况应付对策、远距离车辆诊断和互联网（金融交易、新闻、电子邮件等）服务的业务。

　　图 5-2-1 所示是车联网系统的结构示意图，主要由终端、云计算中心（数据中心）以及应用服务组成。

　　车载互联网的特点如下：

　　1）感知层：通过 RFID 等感知系统获取车辆属性信息并加以利用。

　　2）互联互通：实现人、车、路之间的互联互通。

　　3）云计算：借助目前流行的云计算等智能方式调度和管理车辆。

　　车联网的结构示意图如图 5-2-1 所示。

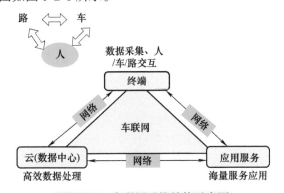

图 5-2-1　车联网系统结构示意图

2. 车载互联网系统的产业链及其功能

　　车联网背后是汽车制造商、车载终端企业、电信运营商、互联网企业、硬件供应商、交通信息内容运营商及服务商等组成的一长串产业链条，如图 5-2-2 所示。

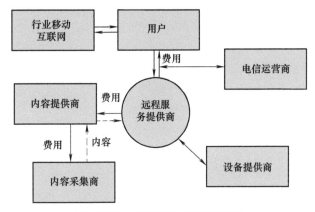

图 5-2-2　车联网产业链示意图

　　车联网的产业链具有如下的功能。

　　（1）车载互联的功能

　　智能交通，智能物流，便民出行。

（2）语音服务功能

人机对话功能代替了传统的手写或软键盘输入，让使用者只需开口就能完成需要做的所有事情。

（3）导航服务功能

一键导航功能提供全面的交通深度信息和位置信息，实时交通动态信息和驾驶预警服务，随时规划最佳导航路径方案。

（4）安全服务功能

给车主带来全方位的安全保障和实施护驾，被盗车车辆报警、防盗追踪，事故警报、路边救援协助等服务能在关键时刻保护车主和车辆的安全。

（5）互动服务功能

多方通话和位置共享功能，能及时与好友保持联络，随时观察好友的行驶位置，路书生成功能，能与好友随时随地分享旅行的快乐。

（6）秘书服务功能

爱车助手功能实时监控车况、及时为使用者的车辆提供保养提醒和违章查询，远程控制功能为使用者提供远程开锁、热车、开空调等各种服务，便捷的查询、预订、提醒服务，可以在驾车的过程中轻松实现酒店、机票、餐厅、酒吧等各类预订服务。

（7）生活服务功能

让使用者自由穿梭在现实社会与互联网社会之间，随意下载感兴趣的音乐、应用软件、有声书籍，及时的资讯定制服务，可以提供各类资讯指南，如天气、股票、财经、新闻等实时信息，更有各类打折信息、周年活动、促销商品购买地点等优惠信息，让使用者在开车中也能知晓天下事，体验前所未有的安全感，感受趣味性和娱乐性，尽享驾驶带来的乐趣。

3. 车载互联网系统的意义

车联网通过无线通信技术、GPS 技术及传感技术的相互配合，实现解决智能交通的管理和信息服务，如：智能公交定位管理和信号优先、智能停车场管理、车辆类型及流量信息采集、路桥电子不停车收费及车辆速度计算分析等。

智能的车联网让汽车可以与城市交通信息网络、智能电网以及社区信息网络全部连接，帮助驾驶人获得即时资讯，并做出与出行有关的明智决定；借助车联网的帮助，车辆将可以实现智能停靠，可以帮助驾驶人订票、寻找停车场，甚至车辆自己就能找到充电站完成充电。

目前，治理城市拥堵的顽疾一般包括三种方式，即限、管、建。所谓限就是限行和限购；管是以经济手段为核心的"组合拳"，包括停车泊位证明、征收交通拥堵费和提高停车费；建则是建立完善的交通体系。

加快新能源汽车、智能交通、智慧城市发展的提议成为"建"的表现。

车联网中最"给力"的应用即为"智能交通"，智能交通技术可使交通堵塞减少约 60%，使短途运输效率提高近 70%，使现有道路网的通行能力提高 2~3 倍。

智能交通是一个基于现代电子信息技术面向交通运输的服务系统。智能交通应用的核心技术如无线通信技术、GPS 定位技术等，在公交车、出租车、货车、运钞车等特殊车种上的应用非常成熟，也难怪大家会认为车联网将会是物联网最早实现完整应用的产业。

相比于行政治堵——限、管的"立竿见影"，科技治堵——"建"将会是一个长久战。

4. 车载互联网系统的特性

（1）特性一：技术整合

作为物联网的重要分支，车联网在汽车行业的应用是将多种先进技术有机地运用于整个交通运输管理体系而建立起的一种实时的、准确的、高效的交通运输综合管理和控制系统，及由此衍生的诸多增值服务，如图 5-2-3 所示。

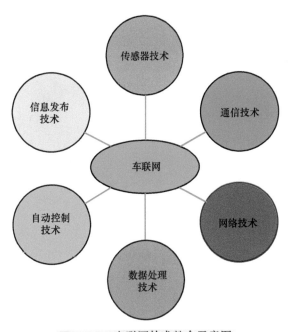

图 5-2-3 车联网技术整合示意图

（2）特性二：信息共享

信息共享示意图如图 5-2-4 所示。

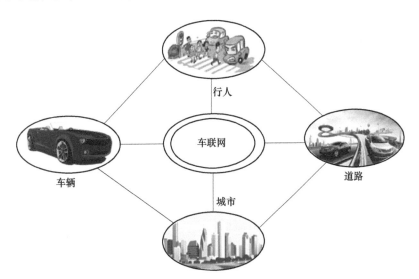

图 5-2-4 车联网信息共享示意图

（3）特性三：产业融合

产业融合示意图如图 5-2-5 所示。

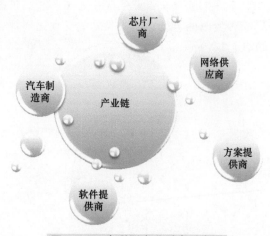

图 5-2-5　车联网产业融合示意图

（4）特性四：可持续发展

车联网企业资产的积累其实就是内容的累积，这才是真正为社会创造价值，丰富的专家后台数据库支持将是一个可持续的累积。车联网将致力于价值链的培育，由此可见开放性、合作和产业联盟的重要作用。

5. 车载终端与车载局域网络系统的关系

车载终端能够与整车控制器通过 CAN 总线进行通信，服从整车控制器的控制命令，获取整车的相关信息。车载终端采用"行程长度编码"压缩机制，对 CAN 数据进行数据压缩，以减少存储空间的占用，同时节约网络带宽资源与流量，加快数据传输速度，如图 5-2-6 所示。

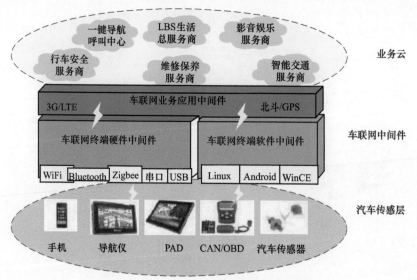

图 5-2-6　车载终端 CAN 总线系统示意图

 引导问题 2　**车载互联网系统有何实际应用？**

车载互联网系统在实际中有以下应用。

1. 应用一：车况分析终端

根据车型不同，可以通过车辆的数据传输接口（OBD接口）采集车辆控制系统的数千项数据，如图5-2-7所示。

数据采集

图 5-2-7 车辆分析终端示意图

2. 应用二：新型的维修保养系统

1）车主能够实时了解车辆的车况。

2）通过信息共享，4S店可将服务由被动变主动。

3）良好、方便、高效的沟通平台，实现自助化的维修保养模式，使得各方利益最大化，如图5-2-8所示。

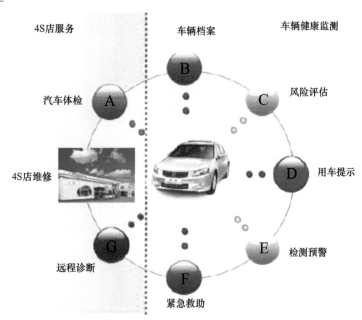

图 5-2-8 车联网维修保养示意图

3. 应用三：远程监控诊断控制系统、新型救援服务系统

1）借助卫星定位，与紧急救援实现高效对接。

2）实时的故障信息可保障及时的各种服务请求，如爆胎、加油等。

3）服务中心的个性化服务将给车主带来全方位的汽车生活体验。

车联网远程监控如图5-2-9所示。

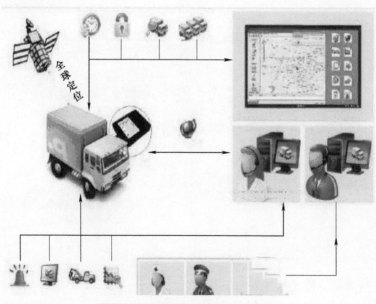

图 5-2-9 车联网远程监控示意图

4. 应用四：道路事故处理系统

实时及全面的行车数据使事故现场轻松地在计算机上得以重现；将对交通管理、保险等传统行业带来革命性的创新模式，如图 5-2-10 所示。

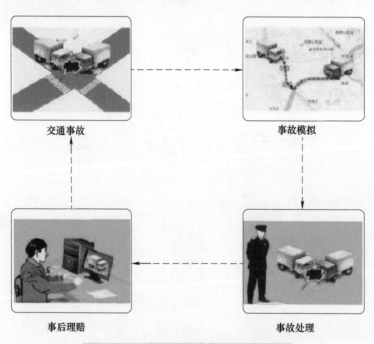

交通事故   事故模拟

事后理赔   事故处理

图 5-2-10 车联网道路事故处理示意图

5. 应用五：用户的其他便捷功能

用户可以便捷地查询到保险、路况、位置以及车辆油耗等需求信息，如图 5-2-11 所示。

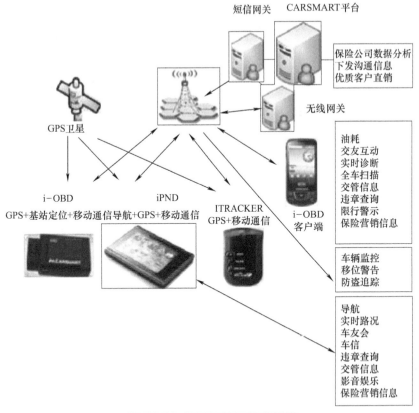

图 5-2-11 用户便捷功能示意图

三、任务实施

1. 实施要求

本操作任务主要完成车载互联网系统的认知与操作。

1）利用互联网查询车载互联网系统的现状和发展。

2）车载互联网系统的操作。

2. 实施准备

1）防护装备。

2）车辆、台架、总成：车载互联网系统的示教版、新能源汽车整车。

3）专用工具、设备。

4）手工工具。

5）辅助材料。

3. 实施步骤

根据实训室的车辆配置，完成以下车载互联网系统相关操作。

（1）利用互联网查询车载互联网系统的现状和发展

打开计算机或移动终端的浏览器，利用"百度"等浏览器搜索功能，搜索"车载互联网""车联网""现状""发展"等关键词，查询并记录相关的信息。

（2）操作互联网查询车载互联网系统

根据整车或示教版，参与车主手册，进行车载互联网系统的操作。

1）汽车智能车载互联

新能源汽车离不开互联网，这不仅是行业和技术的发展趋势，也同时是新能源汽车本身需要利用外部充电的特性决定的。利用互联网可以为一辆电动汽车快速找到最合适距离的充电桩是体现电动汽车方便性的重要特性之一。

智能车载互联技术，即利用互联网技术使得汽车可以与手机、平板电脑（PAD）等移动终端设备互联，实现驾驶人对汽车更加便捷、智能化的控制，如通过智能手机来控制汽车，用语音来给汽车下达指令等。目前，智能车载互联技术主要应用在车载娱乐系统、导航、APP以及无人驾驶。

如搭载在通用汽车上的Onstar（图5-2-12），主要是为以通用汽车为主的汽车提供安全信息服务，包括自动撞车报警、道路援助、远程解锁服务、免提电话、远程车辆诊断和逐向道路导航（Turn-By-Turn Navigation）等服务。

又如苹果公司开发的CarPlay系统（图5-2-13），已陆续应用在传统汽车和新能源汽车上。CarPlay是将用户的iOS设备，以及iOS使用体验与仪表板系统无缝结合。如果用户汽车配备CarPlay，就能连接iPhone等设备，并使用汽车的内置显示屏和控制键，或Siri免视功能与之互动。用户可以轻松、安全地拨打电话、听音乐、收发信息、使用导航等。

图 5-2-12 Onstar 主要操作按钮

图 5-2-13 使用 CarPlay 后的操作界面

2）移动 App 在汽车上的应用

为了把手机的优点和汽车的优点结合起来，满足消费者的需求，越来越多的汽车厂商把汽车与移动APP完美整合在一起（图5-2-14），形成新一代基于驾车者移动设备的信息娱乐系统。这种映射技术随着市场需求的发展成长得非常快，目前已有几个车厂开始在做。例如宝马公司在3系车使用其最新的iDrive系统，通过一个按钮和8个热键配合，可

图 5-2-14 手机 APP 移动终端

以轻松实现和iPhone的无缝连接，这是目前映射做得最好的代表产品。

通过手机无线获取汽车实时数据，并传送给云服务器，把汽车OBD数据与GPS地埋定位数据结合，基于手机平台操作系统，开发远程控制、车辆代驾、网上商城、爱车常识、地图升级等手机APP应用功能。

车联网APP开发方案如下。

OBD是英文On-Board Diagnostic的缩写，中文意为"车载诊断系统"。这个系统随时监控汽车发动机的运行状况和尾气后处理系统的工作状态。最早是用于对汽车尾气的监测，目前国际通用的标准是OBDⅡ，所有车辆在出厂时都配有一个OBDⅡ接口，车辆检测时将检测设备接

入该接口通过 ECU 读取车况数据。

技术原理：手机 APP 作为本解决方案的核心，具备如下功能：

1）获取汽车实时数据（含汽车故障数据）。

2）获取当前地理定位数据（经纬度信息）。

3）获取汽车基本信息（型号、牌号等）。

4）信息综合分析处理。

5）展示信息。

6）将有价值信息批量发送给后台云服务器。

功能综述：车联网 APP 分为"车生活、车管家、车优惠、我"四个部分，基本满足客户"车辆体检、驾驶评分、实时车况、Wi-Fi 流量查询、违章查询、保单管理、电子围栏、促销商城"等功能需求。

四、任务考核

目标		考核题目	得分
知识目标	1	1）（判断）车载互联网系统也称"汽车物联网"，简称"车联网"，是一种汽车信息服务（Telematics），是通信技术（Telecommuication）与信息技术（Informatics）的有机结合，并以汽车为载体开展服务，解决人、车、路的有效协同。（　）	
		2）（多选）车联网的产业链的主要功能有（　）。 A. 车载互联功能　　B. 语音服务功能 C. 安全服务功能　　D. 生活服务功能	
		3）（判断）车联网背后是汽车制造商、车载终端企业、电信运营商、互联网企业、硬件供应商、交通信息内容运营商及服务商等组成的一长串产业链条。（　）	
	2	1）（多选）车载互联网系统在实际中主要有（　）。 A. 车况分析终端　　　　B. 新型的维修保养系统 C. 用户的其他便捷功能　D. 道路事故处理系统	
		2）（判断）根据车型不同，可以通过车辆的数据传输接口（OBD 接口）采集车辆控制系统的数千项数据。这是车载互联网的应用之一。（　）	
		3）（判断）在新型的维修保养系统车主能够实时地了解车型的车况，通过信息共享，4S 店可将服务由被动变为主动，使维修保养更加地便捷、高效。（　）	
	3	1）（判断）汽车信息服务是以无线语音、数字通信和卫星导航定位系统为平台，通过定位系统和无线通信网，向驾驶人和乘客提供交通信息、紧急情况应付对策、远距离车辆诊断和互联网（金融交易、新闻、电子邮件等）服务的业务。（　）	
		2）（判断）车载互联网系统主要由终端、云计算中心（数据中心）以及应用服务组成。（　）	
		3）（单选）不属于车载互联网特点的是（　）。 A. 通过 RFID 等感知系统获取车辆属性信息并加以利用 B. 实现人、车、路之间的互联互通 C. 能够实现无人驾驶 D. 借助目前流行的云计算等智能方式调度和管理车辆	
技术目标	1	1）（单选）手机 APP 移动终端在（　）汽车上做得较好。 A. 大众　　B. 丰田　　C. 宝马　　D. 本田	
		2）（多选）车联网 APP 在汽车上具有的功能有（　）。 A. 可以获取车辆的位置　　B. 可以获取车辆的基本信息 C. 可以查询车辆是否违章　D. 可以查询保单信息	
总分：		分	
教师评语：			

参考文献

[1] 蔡兴旺 . 新能源汽车结构与维修 [M]. 北京：机械工业出版社，2014.

[2] 陈黎明，王小晋 . 电动汽车结构原理与故障诊断 [M]. 北京：机械工业出版社，2015.

[3] 崔胜民 . 新能源汽车技术 [M]. 北京：北京大学出版社，2009.

[4] 崔胜民 . 新能源汽车概论 [M]. 北京：北京大学出版社，2015.

[5] 肖贝，陈健 . 电动汽车结构与原理 [M]. 杭州：浙江大学出版社，2015.

[6] Peter Hofmann. 混合动力汽车技术 [M]. 耿毅，耿彤，译 . 北京：机械工业出版社，2017.

[7] 包丕利 . 纯电动汽车辅助系统检测与修复 [M]. 北京：机械工业出版社，2018.

1 bit信息 例如：压缩机状态	
信号值	信号内容
0	压缩机断开
1	压缩机接通

2 bit信息 例如：中控锁开关信息状态	
信号值	信号内容
00	开锁
01	安全锁
10	锁车
11	非安全锁

使用8 bit信息表示温度信号：

2^7	2^6	2^5	2^4	2^3	2^2	2^1	2^0	value	value
128	64	32	16	8	4	2	1	十进制	温度值
0	0	0	0	0	0	0	0	0	0℃
0	0	0	0	0	0	0	1	1	0.5℃
0	0	0	0	0	0	1	0	2	1℃
				...				...	...
1	0	0	0	1	0	1	0	138	69℃
				...				...	...
1	1	1	1	1	1	1	1	255	127.5℃

图 5-1-7 信息的二进制表示法

（2）信息交换的基本原理

为了易于说明信息交换过程，下面以发动机转速信息为例并以一条 CAN 导线来讲述信息交换的基本原理，如图 5-1-8 所示。

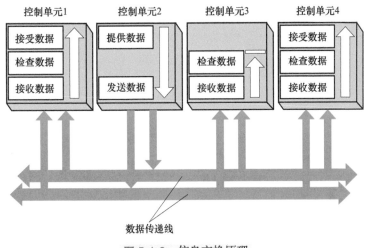

图 5-1-8 信息交换原理

CAN 系统中的所有控制单元都能收到信息，并且每个都扮演识别器中的接收检验员，判断所收到的信息是否与相应的控制模块有关，如果有关，则采用；否则将被忽略。

每个控制单元都能传递和接收数据，但只是有选择性地读取需要的数据信息。

每个控制单元均可接收发送出的信息。通常把上述信息交换的原理称为广播，类似于一个广播电台发送某一节目一样，每个连接的用户均可接收。这种广播形式使系统中所有控制单元都处于相同的信息状态。

3. 车载局域网络系统的节点功能

CAN BUS 系统的节点功能如图 5-1-9 所示。